**Yves GLOCK**

# MURS…MURS…

ISBN : 2-956657-3-7

EAN : 9782952665735

Le hasard ! C'est peut-être la logique de Dieu ?

*G. Bernanos, Le dialogue des Carmélites*

(A un assassin)
Si tu avais contemplé le visage de la victime,
Réfléchi,
tu te serais souvenu de ta mère dans la chambre à gaz,
Tu te serais délivré de la sagesse du fusil
Et tu aurais changé d'avis : ce n'est pas ainsi que
L'on recouvre son identité !

*Etat de siège, Mahmoud Darwich*

Déjà se pose le grand problème des temps modernes où l'intelligence découvre que soustraire l'homme au destin revient à le livrer au hasard.

*L'homme révolté, Albert Camus.*

Indignez-vous !

*Stéphane Hessel*

Note de l'auteur :

Ce livre est un roman. Toute ressemblance avec des évènements ou des personnes ayant pu exister n'est que l'effet du hasard.

1-Ramallah…

Ce soir Mahmoud est anxieux. Suspendu par l'attente, le temps s'étire indéfiniment. Attisée par le décompte des heures, l'inquiétude se coagule pour se transformer en un bloc de colère. Aicha aurait dû le prévenir ! Cette gueuse est encore en retard ! Elle devrait déjà être rentrée de Naplouse par l'autobus du matin. Ne lui est-il pas arrivé quelque chose ? Comment se fait-il que ce voyage soit plus long que prévu ? Mais peut-on prévoir quoi que ce soit dans ce pays maudit ?

Au fil des jours, les aléas des transports pourrissent la vie. Non par l'importance des distances, car cette partie du monde tiendrait dans un mouchoir de poche, mais du fait des check points : pire que des douanes ! Le sas d'une prison ! Les queues aux heures de pointe s'allongent, exaspérantes et dissuasives aux autochtones : bus, automobiles, cycles et piétons patientent en de longues files, de jour comme de nuit, si tant est que la barrière soit ouverte. Une lente filtration au compte-gouttes. Et toute fermeture aléatoire des points de contrôle conduit à faire de longs détours.

Les fouilles y sont acharnées. Leur lenteur calculée est de mise pour mettre les nerfs en pelote. Ces vexations continuelles exacerbent les rancœurs.

Ayant rangé en fin d'après-midi, au pied de l'immeuble, son vieux taxi, une Mercedes qui remonte presque à Mathusalem, Mahmoud pile du poivre ! Du piment ! Son humeur est exécrable. Il tourne en rond. Un lion en cage ! Il se refuse à passer à la cuisine pour mettre la main au repas du soir. Ce n'est pas le rôle de l'homme. Il n'est pas là pour se substituer à la maîtresse de maison. Elle va l'entendre, Aicha !

Elle ne perd rien pour attendre. La colère fait bouillir sa patience à grosses bulles. Celle-ci déborde du cendrier en mégots inachevés.

Khalil, leur fils, n'est pas rentré non plus ! Sans doute sort-il plus tard du lycée. C'est ce que veut penser Mahmoud. Ce jeune l'inquiète. Il se trouve à cet âge dangereux auquel la vie semble une valeur sans importance. Un âge d'extrême malléabilité, sur lequel toutes les empreintes peuvent laisser d'indélébiles cicatrices. Il sait que, dans les milieux scolaires, les jeunes se targuent de comprendre la situation de leur pays : leur sensibilité à fleur de peau souffre des injustices et des intimidations subies. Leur orgueil encore neuf est vulnérable, se froissant douloureusement à chaque brimade. Jeunes coqs hérissés, ils se sentent concernés par ce quotidien imposé par l'Etat d'Israël. Ils jugent cette soumission apparente de leurs aînés avec intransigeance comme autant de faiblesse et la condamnent froidement.

Ces noires pensées hantent silencieusement la vie de Mahmoud. Il ne peut s'en confesser à Aicha. Elle est aussi épidermique que Khalil dans ses réflexions lors des conversations familiales. Philosophe, Mahmoud tente toujours d'éteindre cet éclat brillant dans les yeux de la mère et du fils. L'étincelle du fanatisme met facilement le feu aux poudres. Il peut compromettre l'avenir d'un adolescent.

Il sent bien, Mahmoud, que ce fils adoré, dont il est si fier, a l'impulsivité d'un jeune étalon : le mors aux dents lui est insupportable ! Il lui faudrait peu de chose pour se cabrer, ruer dans les brancards et casser la charrette ! Dans l'ambiance du lycée, ce jeune garçon est imprégné d'un esprit religieux. Mahmoud ne veut pas aller à l'encontre des idées de ce jeune fervent mais, chaque fois qu'il le peut, il le met en garde contre les propos mielleux des imams. Les mouches ne sont jamais attirées par le vinaigre !

Fatigué de tourner en rond dans l'appartement, Mahmoud sort. Il a besoin de prendre l'air, de se dégourdir les jambes et d'oublier un instant ces soucis qui le minent.

Regrette-t-il ce retour dans son pays ?

Il ne se pose plus la question. Certes en Palestine la philosophie ne nourrit pas son homme. En Allemagne il s'était vu proposer un emploi d'assistant à l'Université. Il ne s'est pas senti le courage de l'expatriation. Une contrée trop froide, trop pluvieuse et dépourvue de cette exubérance des couleurs et des odeurs offertes par le Moyen Orient. Le pays des teutons ne fut qu'un pays de nécessité, pour l'étude, mais pas d'adoption. Les populations germaniques restent toujours réticentes vis-à-vis des musulmans. Trop de Turcs, là-bas ! Une exaspération de tous ces blonds aux yeux bleus vis-à-vis des bronzés comme lui. Ses amis de ces années grises étaient tous des déracinés venant souvent du continent africain… Lorsqu'ils refaisaient le monde, le soir dans la chambre-cellule de la cité universitaire, ils se voyaient tous de retour chez eux, ne parvenant cependant pas à se projeter dans un avenir très gai. La Palestine, pour lui, restait une patrie mutilée mais il souhaitait s'y établir bien qu'ayant peu d'illusions sur les possibilités d'y trouver un emploi à la mesure de ses connaissances. Et le voilà, bien des années après, tenaillé par l'angoisse des lendemains. Un fils à guider dans un imbroglio d'idéologies incendiaires, une femme aimée, patiente et soumise. Et ce job alimentaire de chauffeur qui finalement lui laisse beaucoup trop de temps pour penser.

Mahmoud erre comme une âme en peine, fait un tour dans le souk du quartier, boit un café sur le trottoir en taillant une bavette avec le marchand de galettes ambulant et le bistrotier. Il est même passé à la mosquée pour se recueillir un instant.

Le soleil roule comme une grosse orange derrière les collines voisines barrées d'une muraille grise ceinturant les maisons blanches des colonies israéliennes qui surplombent et encerclent Ramallah. Le ciel s'ensanglante au couchant. Mahmoud inquiet regarde une fois de plus sa montre. Son visage est tendu. Sa barbe de trois jours, soulignée par sa moustache noire, lui donne une mine patibulaire de flibustier. Ses yeux aussi sont noirs, couleur de la nuit, brillant d'un éclat fébrile. Sa barbe n'est qu'une barbe de négligence : elle n'est pas revendicatrice ou politico-religieuse comme celle des vrais « barbus » : ceux qui arborent une fourrure épaisse affirmant indirectement leur soumission au Livre du Prophète. Il les connaît, ces religieux, frères prêcheurs du Jihad ! Sa religion, lui, il l'accommode à sa façon. Tout enfant il a étudié par cœur les sourates dans la madrasa de son village. Il s'y rendait après l'école, avec ses congénères écoliers, gardiens de chèvres ou apprentis maçons. Tous à cet âge innocent étaient polissons et frondeurs. Une période bénie, trop courte dans une vie, durant laquelle la réalité échappe à la conscience. Leur éducation religieuse imposait parfois quelques châtiments lorsqu'ils manifestaient une quelconque réticence à ingurgiter la Parole. Le religieux en charge de l'enseignement avait recours au bâton pour dompter ces petits d'hommes et faire rentrer dans les têtes parfois obtuses les préceptes à retenir. Mahmoud se souvient de cette époque avec mélancolie. L'innocence de l'enfance des petits Palestiniens, déflorée par leur quotidien douloureux n'était pas la même que celle des enfants d'autres pays. La guerre fait mûrir malgré soi et prématurément lorsqu'elle éclabousse la réalité des mechtas détruites d'éclats de chair et de plomb. Mahmoud, las, se passe une main sur les yeux. Il veut effacer ces tristes images qui traversent son esprit. L'humiliation de ses parents devant la force froide de soldats méprisants a blessé ses yeux d'enfant sensible et impuissant. Mais…

De retour à l'appartement son inquiétude croit. Il attend, veilleur silencieux, dans la nuit qui s'avance. Il se penche à la fenêtre pour guetter sa femme. La lumière blanche des lampadaires du quartier, qui fonctionnent encore, commence à vaincre l'obscurité. Son halo souligne les ombres. La rue est presque vide.

Quelques passants, silhouettes furtives, s'y faufilent d'un pas rapide. Un brouhaha de conversations ponctuées par des éclats de voix mêlés de bruits de couverts montent jusqu'à lui : les voisins volubiles dînent les fenêtres ouvertes. Les minarets plantent dans le ciel d'un noir d'encre leur couronne verte : les lampes en guirlande proclament la couleur de l'Islam. La cloche d'une église, au loin, annonce l'heure. Machinalement, Mahmoud compte mentalement… Sept, huit, neuf… Il est déjà neuf heures ! Elle n'est toujours pas là ! Il ne tient plus en place. Impuissant à gérer son angoisse, il décide de ressortir. Il enfile sa veste et, fermant la porte palière derrière lui, dévale l'escalier pour gagner la rue. Sur le trottoir des chats effrayés jaillissent des poubelles à son passage. Il court presque. Son pas résonne.

Le centre de la ville n'est pas loin. Il a décidé d'aller aux renseignements au terminus des autobus.

Il pousse la porte du bureau. Derrière un guichet, un préposé range hâtivement des papiers au milieu des verres de café sales. C'est pour lui l'heure de faire ses comptes et de boucler la boutique. Pas de voyage nocturne. Le premier bus repart demain à l'aube. Il accueille Mahmoud d'un visage disgracieux : cette visite le retarde et l'indispose.

-Non, le bus n'est pas encore arrivé ! Pas étonnant, dit-il ! Les Israéliens resserrent chaque jour la vis. Un étau ! Il y a déjà plusieurs heures, nous avons eu un appel du chauffeur. Il a dû faire un grand détour pour trouver une voie de passage. La queue est longue au contrôle. Il ne devrait plus tarder. Inch'Allah !

Mahmoud, rasséréné, le remercie et s'en va. Les poings serrés dans ses poches il réprime une sourde colère : la liberté, entravée par le poids des chaînes, pèse lourd aux épaules meurtries. Il contient difficilement sa rage qu'il laisse exploser en shootant dans une canette de coca-cola vide. Elle roule de l'autre côté de la rue avec un bruit insolite dans le silence ambiant. Une cigarette encore !

Il est à nouveau dans l'appartement. Khalil est rentré plus tard que prévu. Il y a de la lumière sous la porte de sa chambre : un réduit dans lequel il a son lit et un petit bureau. Mal aéré, ce local sent toujours le fauve. Le jeune homme y a ses jardins secrets, une étagère, des livres, beaucoup de livres :

les siens et ceux de son père. Mahmoud frappe à la porte puis l'entrouvre. L'adolescent est couché et dort à poings fermés. Un Coran est ouvert sur le bureau. Le livre saint est usé sur la tranche. On voit qu'il a servi. Le père referme sans bruit la porte pour rejoindre la cuisine. Le Saint Coran ! Mahmoud est musulman mais ses études de philosophie lui ont appris à se pencher avec discernement et avec un œil critique sur le contenu révélé des religions dites « du livre ». Il n'a guère d'illusions sur la valeur divine de celles-ci. Il n'ose froisser son fils en discutant de front avec lui. Le jeune homme, enthousiaste, baigne par nécessité dans une infusion religieuse dont Mahmoud connaît les œillères. Le « religieux » vient souvent à point pour étayer le « politique ». Dans la Palestine mutilée la sauce prend facilement. Quoi de plus facile à justifier qu'une guerre de libération au nom d'un Dieu : on appelle cela une croisade ! Mahmoud se dit qu'il faut qu'il ait l'œil sur son fils. La jeunesse est le ferment fertile de la lutte révolutionnaire. De tout temps c'est elle que l'on a envoyée au casse-pipe !

La faim le tenaille et le guide vers le réfrigérateur : une assiette d'houmous, un fond de taboulé. Il déplie une galette et tartine la purée de pois chiches. Il la roule comme une crêpe et y mord avec appétit. Mais la bouchée ne descend pas. Il se sert un grand verre d'eau. Tiède, elle a un goût bizarre. Sa pomme d'Adam monte et descend dans son cou maigre de coq décharné. Cette attente l'épuise.

Un pas dans l'escalier. Il se rapproche. On frappe doucement, comme un signal de conjuré. Une clé tourne dans la serrure. Le cœur de Mahmoud bat enfin avec plaisir. Sa colère s'effrite, comme la pierre blanche des collines sous l'ardeur du soleil. Il va la voir enfin. Il oublie instantanément les affres de cette attente.

La porte s'ouvre sur une silhouette fantomatique, découpée sur la faible lumière de la lampe palière : Aicha s'avance, le visage fatigué et pâle. Elle lui semble bien petite, enveloppée de la tête aux pieds dans sa tunique bleu ciel. On ne distingue que la pointe de ses chaussures. Ses mains sont blanches et longues. Ses cheveux sont cachés par le voile. Il encadre les contours de sa face oblongue. Lasse, elle s'avance, laisse tomber son couffin. Mahmoud ébauche un sourire et va au-devant d'elle. Ils s'enlacent et échangent un baiser. Elle se laisse aller dans ses bras puissants. Elle est épuisée. Ils restent ainsi immobiles. Elle pleure en silence.

-Nous avons passé plus de dix heures pour faire si peu de route, dit-elle enfin ! C'est désolant. Le premier passage était clos. Nous avons dû revenir sur nos pas et tenter un autre check point ; celui-ci était engorgé. Une queue de pauvres gens, patiente par nécessité, une fouille systématique des sacs sur la route, puis au corps. Puis les papiers : les montrer, les sortir encore. Une folie ! J'en suis malade. J'ai bien cru que je devrais dormir à nouveau chez mes parents. Si tu les voyais : maman fait penser à un moineau en fin d'hiver et papa à un épouvantail. Amaigris, ils ont le teint jaune des dénutris. Ils se heurtent à la difficulté de se procurer le minimum. J'en ai pleuré en les découvrant ainsi. Heureusement que leurs chèvres leur fournissent le lait. Pour le reste, c'est au jour le jour qu'ils font face. Ramallah, c'est presque le paradis par rapport au douar dans lequel ils tentent de survivre. Papa a une mauvaise toux. Je suis inquiète. Très inquiète. Ils t'envoient leurs affectueuses pensées et prient le ciel pour que l'on soit plus heureux qu'eux !

-Le village est asphyxié par Israël : le puits détruit, les accès aux champs bloqués par les barrières sous contrôle de l'armée… Mais ils s'accrochent, tous les villageois, solidaires à la face d'un monde au silence complice ! C'est révoltant.

-Assieds-toi, Aicha, et mange un peu, dit Mahmoud, calme et rassurant. Tu vas aller te coucher tout de suite, tu en as besoin. Pour moi la journée a été assez bonne : il y a quelques touristes. Ils laissent plus volontiers un bakchich que nos compatriotes ! Voici cinquante shekels. Khalil m'inquiète, il songe plus au Coran qu'à ses livres scolaires.

Aicha acquiesce, dénouant son voile et laissant couler un flot de cheveux noirs sur ses épaules.

## 2-Jérusalem…

Ce matin, par la fenêtre entrouverte, le soleil entre à flots dans la salle de bains. Moshé, devant la glace, a l'allure d'un Père Noël, la face couverte d'une barbe blanche de mousse à raser. Ses yeux en sont encore plus bleus que d'habitude. Il se scrute, pensif, avant d'attaquer le rasage. Ses cheveux aussi ont la blancheur de l'âge.

-Le temps me détruit peu à peu mais ma survie insolente lui résiste ! Sursitaire depuis tant d'années !

-Pourquoi moi ?

Cette question, Moshé se l'est posée plus d'une fois. Doit-il être pleinement heureux ou se sentir coupable de n'avoir pas aussi fait partie de ceux que l'Histoire a engloutis ?

Le hasard ?

Le destin ?

La prédestination ?

Moshé hésite sur le choix du mot. Bien que juif de culture et de race, les péripéties de la vie lui ont permis de prendre une certaine distance par rapport aux croyances. La religion, il le sait, a engendré tant de maux au nom d'un Dieu hypothétique que chacun revendique à sa façon !

Il reste songeur devant cette face renvoyée par le miroir. Vieux, il l'est physiquement ! Il sent chaque matin ses rhumatismes lui gâcher la joie du lever en lui arrachant une grimace de douleur. Il sait aussi qu'il faut s'accoutumer à ces incontournables inconforts de la vie : la rançon à payer pour goûter à un quotidien qu'il savoure à sa manière. Il a en mémoire ce proverbe chinois qui, avec une sagesse toute orientale, conseille d'appréhender chaque heure comme si c'était la première des dernières restant à vivre.

Il est heureux de ce rayon de soleil, de cette journée nouvelle qui l'accueille et pour laquelle il veut se faire beau. Le rasoir racle sa peau tendue entre deux doigts. Les doubles lames crissent sur cette barbe rude de soies de vieux sanglier. Il effectue machinalement chaque geste consacré par l'habitude. Les rides apparaissent, au fil du rasoir, dégagées de la mousse. L'impression de sculpter une vieille bûche pour en extraire les contours et les formes d'un visage traverse l'esprit de cet homme, conscient des tavelures du temps sur cette couenne hâlée par le soleil d'Israël. Il s'est fait à l'idée de cette altération du corps, insidieuse mais inéluctable. Ce qui l'étonne le plus reste cette jeunesse mentale qui l'anime. Les autres le perçoivent comme un octogénaire. Au fond de lui il a candidement l'impression que les évènements de sa vie qu'il a dû traverser et auxquels il a fait face ne datent que d'hier.

- C'est idiot, pense-t-il. Nous ne sommes qu'en transit et l'on a du mal à réaliser le chemin parcouru. Que l'on se retourne et l'on est pris subitement de vertige à voir ce champ de mines que l'on a traversé les yeux bandés, en courant bien trop vite ! Devant nous ce qui en reste statistiquement se rétrécit comme une peau de chagrin. Mais que c'est court une vie d'homme ! Ephémère et fragile comme un pétale de rose. Qu'est-ce que l'espérance de vie ? Et Dieu sait le nombre de nos amis laissés sur les bords du chemin. Ma mémoire les garde précieusement. Elle prolonge un peu leur devenir. Après moi, à l'extinction de cette étincelle vitale qui m'anime encore, ils sombreront dans le silence absolu de l'oubli… Il en sera de même de mon ombre. Elle errera quelques années après ma mort dans la mémoire d'un entourage à son tour dévoré par le temps.

Moshé se dit qu'il survivra le temps d'une autre génération dans la mémoire du petit Joseph, ce petit-fils qu'il va aller chercher aujourd'hui. Il espère sans se l'avouer que les heures passées avec lui resteront gravées dans son souvenir comme des morceaux d'enfance dans lesquels l'image du « Grand-père » aura sa place. Il n'a guère d'illusions cependant.

-Se souvient-il lui-même de son propre grand-père ?

-Il se rassure alors, voyant resurgir de sa mémoire l'image de cet homme d'un autre temps, indissociable de son antre. Ce repaire, profond comme une grotte, s'ouvrait sur la rue par une modeste vitrine rehaussée d'une belle enseigne en fer forgé : un violoncelle de grandeur nature. Chaque année son grand-père, en équilibre sur un escabeau, le repeignait consciencieusement en noir mat. Derrière la vitrine, quelques instruments à cordes : violons, violoncelles et contrebasses reposaient sur un lit de feutrine rouge. Cet écrin mettait en valeur la douceur des vernis dont son aïeul était fier. Ils faisaient sa réputation dans la ville de Prague, en Bohème et même au-delà des frontières. Les luthiers de Crémone auraient pu en être jaloux ! Des musiciens célèbres venaient de très loin afin de lui commander un nouvel instrument, ou pour en faire réparer un auquel ils tenaient particulièrement. Moshé se souvient du respect quasi sacré de cet homme pour tel ou tel violoncelle ancien à rénover qui aurait pu passer entre les doigts de Mozart lui-même. Enfant, il ne comprenait pas tout à fait cette vénération pour les instruments. Son grand-père, patient, lui contait l'histoire de la musique et la vie de tel ou tel maestro ou virtuose célèbre. Dans son enthousiasme passionné, il décrochait un violon, l'accordait et se mettait à lui en jouer, pour lui tout seul. Il maudissait alors la clochette de la porte du magasin lorsqu'un client venait intempestivement rompre le charme de ce concert privé offert à son petit-fils dont les yeux écarquillés brillaient de joie et d'admiration.

Moshé reste rêveur : il revoit cet homme au grand front dégarni, aux cheveux blancs rejetés en arrière, comme une crinière bouclée. Un beau visage régulier marqué par les rides, penché sur l'épaule gauche, la joue et le menton écrasés sur le corps du violon qu'il caressait avec amour. Des yeux mi-clos, dans une concentration sensuelle, filtrait son regard bleu, perdu dans l'extase du moment. Son nez aquilin lui donnait la majesté sculpturale d'une statue. Ses pommettes couperosées signaient une propension à aimer la vie. Cette carrure devait plus tard rappeler à Moshé le buste puissant de Beethoven sculpté par Bourdelle. D'une main agile, il pinçait avec virtuosité les cordes que le crin de l'archet colophané faisait vibrer.

Moshé plongé dans sa méditation s'étonne encore de sentir cette bonne odeur de l'atelier de lutherie situé en continuité du magasin. Le parfum des bois utilisés se mêlait à celui des résines, des enduits et des colles. A ses yeux d'enfant, le mystère de cet endroit magique est celui qu'il devait retrouver plus tard dans les synagogues et les lieux saints : les parfums capiteux de la myrrhe et de l'encens ne sont-ils pas le moyen d'honorer Dieu dans toutes les religions ? L'image de ce magasin-atelier de son grand-père est, dans sa mémoire, celle d'un sanctuaire. L'enfant qu'il était alors vivait intensément chacune de ses visites en ce lieu : les odeurs, les ombres de ces instruments en cours de confection, de séchage, la musique aussi concourraient à entourer cette caverne d'une aura merveilleuse.

L'appentis, dans l'arrière-cour, permettait de stocker les bois à faire sécher. Toutes les essences reposaient ainsi depuis des générations : l'érable sycomore de Bohème, l'épicéa, l'ébène et le palissandre.

-C'est au cœur du bois que dort l'âme de l'instrument. Un bon séchage reste aussi le garant de sa qualité future avec le secret des vernis, lui expliquait le vieil homme.

Pour chaque planche prise dans le stock, déjà remisée par l'arrière grand-père de Moshé, son grand-père en remettait une autre destinée aux générations à venir.

Moshé aurait-il été luthier comme son grand-père ?

C'est la question qu'il se pose maintenant. Une tradition familiale remontant à plusieurs générations…

Qui dit tradition familiale… suppose qu'il y ait encore une famille !

Moshé se dit qu'il est de son devoir, si Dieu lui prête vie, de raconter à son petit-fils, dès qu'il sera en âge de comprendre, cette histoire de son aïeul, de sa famille. C'est à lui qu'incombe la transmission de la mémoire. Ses propres enfants, pris dans les tourbillons du quotidien, n'en sont pas encore à faire le point sur leur existence.

De tout temps, avant l'ultime halte, ce fut le privilège des Anciens de porter plus loin les souvenirs en les inscrivant dans les esprits de leurs descendants, curieux de savoir d'où ils viennent et qui ils sont. Ne dit-on pas que « pour chaque ancêtre qui meurt, c'est une bibliothèque irrémédiablement brûlée … » ?

Tout va trop vite aujourd'hui. La télévision et la magie du Net sont les nouveaux mirages de la jeunesse ! Que peut donc représenter par comparaison la modeste tranche de passé familial qu'il voudrait transmettre à sa progéniture ? Le petit Joseph n'a pas encore goûté à l'hypnose numérique. Il reste plein d'admiration pour son grand-père. Il sera peut être encore réceptif à ses contes. Viendra ensuite l'incontournable période où l'enfance se pollue, de nos jours, par ces heures passées devant les tubes cathodiques à avaler, crédule, la réalité d'un monde tel qu'on veut bien le lui montrer.

Les ratiocinations du Papy seront alors inaudibles. Il sera trop tard !

Voilà ce que Moshé se disait en achevant son rasage matinal. La lotion après rasage mentholée lui brûla un instant les joues d'un feu bienfaisant. Il se sentit en forme et passa dans sa chambre pour s'habiller.

3 -Journal,

Ramallah, un nom trop souvent entendu aux actualités télévisées : des attentats, une nouvelle tension israélo-palestinienne…Puis la prise de l'état-major des autorités palestiniennes, le nom d'Arafat, indissociable de ce drame humain insoluble. Yasser qui meurt, enterré à Ramallah. Les nouveaux prétendants au trône, la lutte fratricide des minorités antagonistes, Hamas, Fatah…

Quoi qu'il en soit, je n'avais pas imaginé pouvoir m'y rendre pour mon travail jusqu'à ce courriel reçu d'un ancien élève syrien. Il mentionnait qu'une association humanitaire recherchait des chirurgiens pratiquant la chirurgie cardiaque adulte pour l'hôpital de la ville de Ramallah. Suivait une adresse e-mail à contacter pour donner suite. J'avais répondu évasivement à cette dernière requête : l'endroit ne me paraissait que moyennement rassurant.

Quelques jours après, je fus contacté par un cardiologue français qui, depuis près de dix années, s'était investi dans une aide médicale et logistique en Palestine. Il me décrivit les besoins chirurgicaux de cette contrée : une dizaine d'hôpitaux sans médecins très spécialisés fonctionnant avec un bénévolat de missions successives : chirurgie cardiaque, orthopédique, microchirurgie… Hôpitaux de Bethléem, Naplouse, Hébron, Gaza, Ramallah, Jérusalem Est…

Il m'apprit que l'Association dont il était question avait été fondée par un journaliste américain. Témoin impuissant des carences sanitaires et de la pauvreté il aurait décidé de venir en aide aux territoires palestiniens. Le site Internet de son association faisait état de missions menées par des équipes italienne, anglaise et allemande à Ramallah. L'ancien président

Jimmy Carter, Schwarzenegger, ou Desmond Toutou la parrainaient.

Il fut convenu que le cardiologue devant se rendre en Palestine pour harmoniser les missions passerait à Ramallah afin de prendre connaissance de la conjoncture : locaux, matériels, personnes en poste… Il me ferait un rapport et joindrait quelques photographies : le bloc, la pompe de circulation extra-corporelle, le respirateur, le bistouri électrique... Il est toujours stressant de se lancer dans une aventure chirurgicale en terrain inconnu dans un milieu différent du bloc habituel : on n'est jamais aussi bien que chez soi pour opérer correctement, connaissant ses limites, celles de son équipe et le matériel dont on dispose.

A son retour, par le courriel, j'étais en possession des documents et pouvais juger de la faisabilité d'une mission : le consulat de France de Jérusalem avait regardé d'un œil bienveillant cette initiative, sachant juger de la sécurité des missions pour éventuellement les annuler en cas d'instabilité locale temporaire. Jusqu'à présent tout s'était passé sans encombre.

Je contactais mon confrère de Cambridge qui s'était déjà rendu sur les lieux avec son équipe. Il me conforta dans l'idée de réaliser la mission.

Ainsi devais-je lancer l'idée au bloc pour savoir si une équipe pouvait se constituer. En-dehors des sédentaires ou de ceux dont les charges familiales limitent les possibilités d'absence, il y a toujours les « pigeons voyageurs » dont la valise est sous le lit… Le service est ouvert à ce genre d'initiatives contribuant à souder les équipes : il y eut le Vietnam, la Chine, le Cambodge, l'Afghanistan… Il pourrait y avoir la Palestine.

L' « Equipe de Ramallah » devait se dessiner : le docteur Jeanne P., anesthésiste, deux infirmiers spécialisés, l'une instrumentiste de chirurgie cardiaque, Marie G., l'autre technicien pilotant les circulations extra-corporelles, Pierre D. se proposèrent. Jeanne et Pierre avaient l'expérience des missions au Cambodge avec le centre de Phnom Penh et en Afghanistan avec celui de Kaboul. Marie était venue une huitaine de fois avec moi au Vietnam, à Hanoi et Hué.

Le contact fut pris avec le responsable de l'association, en lui communiquant les noms et C.V. des participants à cette mission. Je devais recevoir, après avoir précisé les dates possibles de notre semaine de travail là-bas, l'invitation officielle du ministère de la santé de l'Autorité palestinienne à Ramallah. Le consulat de France s'investit dans le projet en prenant en charge per diem et billets d'avion. Les ordres de missions arrivèrent, émanant du ministère des Affaires Etrangères françaises.

4-Ramallah…

Le soleil de juin est au rendez-vous.

La Palestine jouit de ses rayons avec une lascivité orientale d'odalisque. La chaleur du matin reste supportable. Bien qu'il n'ait pas de climatisation dans sa vieille Mercedes, Mahmoud est de bonne humeur. La radio locale diffuse le chant d'une prière, mélopée que Mahmoud fredonne à mi-voix.

Il traverse sa ville. La poussière et les embouteillages, la cohue des piétons, les klaxons impératifs, toute cette agitation, il l'aime. C'est la vie. Les soucis et les géraniums de la place centrale sur laquelle les lions de pierre sommeillent au milieu du rond-point sont fraîchement arrosés. Les échoppes sont ouvertes. Les marchands de beignets transpirent déjà devant leurs bassines pleines d'huile bouillante. Les larges éventails des palmiers frémissent à la brise. Il est parti assez tôt. On l'a chargé de récupérer un groupe de quatre français au « Park Hôtel » pour les conduire à l'hôpital. La sortie de la ville se fait par la route défoncée aux bas-côtés incertains sur lesquels circulent les motos et quelques attelages : il frôle une carriole tirée par un bourricot, branlante sous sa charge de pastèques. Enroulé dans son burnous, le conducteur somnolent l'ignore superbement. Conduite prudente, tant pour ménager les amortisseurs que pour n'accrocher personne. Les banlieues sont plus pauvres. Quelques bidonvilles couvrent les pentes douces des collines.

Le Mur se dresse enfin : la route le longe avec de part et d'autre les ruines de bâtisses : vestiges des démolitions au bulldozer pour faire place nette à sa construction et ruines des combats qui se sont déroulés sur cette zone. Comme la muraille de Chine, le Mur se déroule sur des kilomètres, à perte de vue : juxtaposition de plaques en béton armé uniformément gris, ponctuées à intervalles réguliers de miradors. Son faîte est bordé d'une tresse serrée de fils de fer barbelés. Projecteurs et caméras en surveillent les abords. Cette vue plonge à chaque fois Mahmoud malgré lui dans une sourde colère : ce Mur est une gifle à la face des Palestiniens humiliés sur leur propre sol. Sur plusieurs voies, de longues files de voitures, camions, motocyclettes et piétons annoncent la proximité du check point de Qalandyia. L'attente fastidieuse doit être patiente. La fouille du véhicule et de ses occupants est systématique avec des contrôles d'identité.

Il a baissé sa vitre. Le coude à la portière, il conduit prudemment. Il n'est pas question pour lui de se faire arrêter pour infraction par la police : ils ne font pas de cadeaux. La moindre entorse au code de la route peut lui faire perdre sa précieuse licence de chauffeur de taxi.

Mahmoud sera à l'heure si tout va bien.

Le bulletin d'informations interrompt la musique. La situation ne s'arrange pas du tout. La Palestine est dévorée par les termites d'un genre particulier : les colonies israéliennes. Le speaker précise que de nouvelles implantations sont prévues. Les pourparlers de paix sont toujours en perspective mais les dirigeants d'Israël ne veulent pas faire la moindre concession quant au territoire et à Jérusalem. Mahmoud Abbas ne peut faire entendre raison à ses homologues. L'Autorité Palestinienne reste donc inféodée aux désirs impératifs du gouvernement de Tel-Aviv.

D'un geste rageur Mahmoud arrête la radio. Décidemment, pense-t-il, rien de nouveau sous le soleil ! Toujours ces insupportables brimades d'un peuple d'usurpateurs. Nous sommes quand même chez nous ! Pourquoi la Palestine ? Le leader sioniste Théodore Herzl, dès mille neuf cent trois, proposait son « projet Ouganda ». Staline avançait l'idée de la création d'un état juif en Sibérie. Hitler initialement l'imaginait à Madagascar.

Au lendemain de la seconde guerre mondiale ce fut, hélas, la Palestine.

Depuis soixante années cette greffe douloureuse subie contre notre gré dans notre propre chair ne prend décidément pas ! Le rejet est devenu chronique. Pourquoi devrions-nous supporter la mauvaise conscience de l'Europe face au génocide perpétré par les nazis ?

N'était-ce pas aussi pour s'en débarrasser que les pays vainqueurs ont donné à la diaspora juive l'opportunité d'une unification sur notre terre de Palestine ?

Mahmoud serre les dents, silencieux.

Chaque jour lui apporte son contingent de tristes nouvelles. Dans sa tête s'agitent pêle-mêle les souvenirs, les idées contradictoires, les impossibles décisions à prendre quant à l'attitude à avoir : comment résister ?

N'est-ce pas une façon de combattre que d'affronter courageusement le quotidien en assurant à sa famille, malgré toutes les difficultés, des conditions de survie acceptables ?

Est-ce de la lâcheté que de ne pas s'engager dans une lutte armée ?

La non-violence peut-elle quelque chose contre la froide logique d'une armée de métier ?

Il est vrai, pense-t-il, qu'à chaque instant les brimades et les incursions, la restriction des droits imposés dans son propre pays a de quoi révolter. L'impuissance aussi, lorsqu'à la face d'un monde hypocrite affichant son désir de voir les droits de l'homme respectés, ceux-ci sont quotidiennement bafoués en toute impunité. Au-delà de la religion qui peut faire revendiquer des droits sur la ville sacrée de Jérusalem et attiser les rancoeurs, les simples conditions de vie au quotidien sont des arguments suffisants pour réagir.

Comment ?

Une guerre ? Encore une…

Eternelle lutte du pot de terre contre le pot de fer ! L'aide matérielle et financière des frères arabes reste modique face à l'investissement du lobby juif américain. Le sempiternel véto US aux Nations Unies ! Jamais décrié ! La politique est depuis toujours inféodée à la puissance de l'argent, nerf de la guerre Alors la force du faible reste parfois sa résistance passive, son inertie.

Le paysage défile et laisse Mahmoud indifférent : les collines blanches plantées de cyprès, les combes vertes d'oliviers, le ciel d'un bleu métallique. Il conduit machinalement, plongé dans ses pensées. Il s'interroge, tente de déchiffrer l'avenir et d'en appréhender les possibles. Il ne voit guère de solution : le clou est enfoncé dans la chair de son peuple depuis si longtemps et à son insu. La suppuration reste intarissable, la cicatrisation plus qu'incertaine.

La voie est maintenant bloquée par un nouveau contrôle : des hommes et des femmes en armes équipés de gilets pare-balles aux carrures de joueur de football américain, mitraillette au poing, doigt sur la gâchette, lui font signe de stopper. On lui intime l'ordre de sortir, de montrer ses papiers, l'ouverture des portes arrière du véhicule pour tâter les sièges, du coffre et du capot. Les inquisiteurs méprisants tournent autour du vieux taxi. Il doit enlever la roue de secours : rien n'est caché dessous !

Mahmoud sait qu'entre les deux Berlin au temps du Mur, les investigations étaient les mêmes. Etudiant, il a vécu en Allemagne. Cette période de sa jeunesse lui revient à la mémoire : le temps des illusions, celui des rêves ! D'autres Palestiniens comme lui y faisaient leurs études.

Tous ont eu des diplômes de troisième cycle. Peu sont revenus en Palestine : un pays trop pauvre pour donner un travail à ses jeunes diplômés. Mahmoud, lui, diplômé de philosophie s'était juré d'y revenir, à tout prix. Il ne regrette rien ! Son modeste travail de chauffeur lui laisse le temps de penser encore. Son seul luxe !

On lui rend ses papiers et d'un geste péremptoire on lui fait signe de filer. Il remet le moteur en route, regarde sa montre. Il sera à l'heure.

5-Jérusalem…

Moshé est fin prêt pour sortir. Il est fatigué. Des cernes gris attristent son regard bleu. Il vit seul avec Myriam, sa femme, dans une grande maison de la vieille ville. Son austère façade aux pierres grises a peut-être vu passer, sous ses fenêtres à meneaux, les chevaliers croisés. Cette demeure antique cache secrètement dans l'intimité de ses murs un vrai jardin des mille et une nuits.

C'est là qu'il passe parfois de longues heures d'insomnie lorsque le passé vient le hanter. Humant les parfums distillés par la fraîcheur du soir, mêlant au jasmin étoilé, seringa et chèvrefeuille les senteurs délicates de fleurs d'oranger, il repense inlassablement à ce qu'a été sa vie. Une succession de hasards, une route vertigineuse longeant des abîmes dans lesquels tour à tour beaucoup d'être chers et d'amis sont tombés.

La seule raison de sa survie reste, à ses yeux, Joseph, son petit-fils. Il en est fier ! Il se sent investi d'une mission à son égard : transmettre le passé familial. Seule la parole de l'ancêtre à la jeune pousse peut en conserver la trace et donner une sève riche aux branches généalogiques neuves. Ainsi les renforcera-t-il pour les rendre capables d'affronter un avenir difficile. Myriam n'est pas jalouse de cet amour immodéré pour le jeune enfant : elle a compris cette dernière infidélité. Comme lui, elle a le sentiment que les racines ne doivent pas se perdre : pour bâtir un être neuf, l'expérience de la vie seule ne suffit pas. Moshé sait que sa femme l'a beaucoup aidé à se reconstruire lui-même. D'origine juive pied-noir, dès les années cinquante elle avait, avec sa famille, devant la rébellion algérienne et la perspective d'une indépendance prochaine, vendu tous ses biens et regagné avec la foi des bâtisseurs le jeune état d'Israël.

Dans ces années-là, la jeunesse juive d'Europe avait eu, soudain, après les affres de la seconde guerre mondiale, comme un rayon de soleil au cœur de l'hiver : la chance infinie d'un rêve à concrétiser.

Le retour à la terre promise représentait le début d'une fin. Fin des cauchemars de la Shoah, fin du mythe de l'errance s'accrochant à ce peuple depuis presque trois millénaires. Début enfin d'un renouveau territorial, politique et religieux affiché à la face du monde par la fructification de cette terre aride de Palestine dans laquelle le nouveau pays était enchâssé.

La ville sainte de Jérusalem allait retrouver dans ses murs le Peuple Elu. Les fondations du temple de Salomon, le Mur des lamentations attendaient depuis longtemps les prières des hébreux. Myriam était très pratiquante. Pour elle, la religion était source de vie. Elle n'avait pas eu le passé de Moshé. Les frustrations imposées à son peuple par le gouvernement de Vichy avaient renforcé sa foi fervente. Moshé, lui, revenait de très loin : il en avait conscience. Bien que fier de sa judaïté, il avait pris du recul sur l'emprise de la religion dans sa vie. L'idée qu'il se faisait de l'Etat d'Israël correspondait beaucoup plus, pour lui, à ce qu'aurait été une île pour le naufragé perdu au milieu d'un océan inconnu. Un point stable sur lequel s'accrocher. Un lieu de renaissance physique et mentale : un espoir.

Durant les longues nuits tièdes désertées par le sommeil, Moshé, allongé sur sa chilienne, garde les yeux ouverts sur le ciel étoilé de Jérusalem. Il n'ose les fermer de peur de retrouver ses fantômes familiers.

Ce matin, il se sent épuisé. La nuit lui parut interminable dans l'attente d'une aube lente à blanchir l'Orient.

Prémonition ou simple digestion difficile ?

Il ne se pose pas la question. Le premier sommeil avait été court, agité. L'éveil brutal. Ensuite il avait gagné le jardin et décidé d'attendre l'aube, éveillé, pour faire face à l'assaut des souvenirs : Prague, l'invasion allemande. Le début d'une brisure, un cauchemar !

...Cette intrusion germanique en Tchécoslovaquie lâchement consentie par les alliés silencieux n'était que le prélude à une tourmente au-delà de laquelle rien ne serait plus pareil. Il se souvenait, Moshé, de cette terrible angoisse, sombre pieuvre, ayant enveloppé toute sa famille de ses tentacules. Les discussions fiévreuses à l'heure du repas familial sous la suspension de la cuisine l'excluaient des préoccupations des grandes personnes. Auparavant c'était lui le point de mire. Les propos angoissés et les airs préoccupés de son père et de sa mère se prolongeaient tard dans la soirée, en conciliabules au coin du poêle en faïence : la sensibilité épidermique d'un enfant, même s'il ne comprend pas tout, lui permet de prendre le pouls des situations.

Un matin, son père lui interdît d'aller à l'école. Un rêve d'école buissonnière qui se réalisait ? Moshé ne comprenait plus ! On lui avait tant parlé des bienfaits de l'enseignement, de la chance d'avoir une maîtresse d'école si gentille. Il resta donc au domicile sans y trouver de plaisir, plutôt frustré de cette incompréhensible interdiction. Et puis, on lui défendit même de sortir dans la rue. Les soldats allemands s'y montraient, austères, armés, et méprisants. Ils vinrent tracer sur la vitrine de l'atelier de son grand-père une grande étoile de David, avec une peinture blanche dégoulinante. « Jude » écrivirent-ils. Son grand-père ne disait rien, résigné. Puis la vitrine fut brisée, les beaux instruments éventrés à coups de crosse et jetés dans la rue, livrés à une vindicte populaire antisémite. La mort des instruments signait déjà celle de son grand-père !

La crainte de l'enfant au fil des jours se cristallisait comme un glaçon au fond de son cœur. Il percevait une sourde et insaisissable menace. Un sixième sens lui laissait deviner qu'il se passait des choses très graves. Décidément le monde des adultes était bien compliqué. Les évènements se précipitèrent pour tatouer en lui ces rêves récurrents qui, le surprenant toujours douloureusement, le gardaient en éveil.

Après bien des années, avec la maturité et le recul, il prit conscience que le malheur venait du fait qu'il était né juif.

N'ayant pas de culture religieuse il devait, au fil du temps, ressentir le besoin de la revendiquer avec fierté aux yeux du monde. Il était bien Moshé de Prague, survivant d'un génocide dans lequel toute sa parenté avait péri.

Dans ce jardin de Sion, la Jérusalem dans laquelle il avait voulu vivre, Sa Jérusalem, Moshé reste souvent songeur à l'heure des premiers champs d'oiseaux, de l'appel à la prière des muezzins, lorsque le ciel à l'Est s'éclaire, presque turquoise et que l'horizon au-delà des clochers et des minarets devient orange. Les yeux ouverts, perdus dans le vague, il laisse errer son esprit au hasard des méditations et des réminiscences. Le temps a émoussé les ressentiments et les pointes acérées des culpabilités qui le taraudent encore. Il s'est reconstruit, le petit Moshé, il a su conduire sa vie, bâtir une famille. Ainsi est-il resté digne de ce rôle de continuateur que lui avaient tacitement conféré ses parents. Son petit-fils adoré reste sa raison de vivre.

6-Journal (suite)

Blanche sous le soleil, la ville tapisse les collines devant notre hôtel. La plupart des maisons du quartier semblent neuves. Vues de plus près, elles apparaissent souvent inachevées, hérissées de ferrailles émergeant du béton laissant supposer des désirs de croissance inépuisés. La rue poussiéreuse aux bas-côtés indéfinissables est semée d'ornières. Nous avons pris un petit-déjeuner copieux dans la salle du rez-de-chaussée aux baies vitrées largement ouvertes sur le jardin : bougainvillées et lauriers nous rappellent que le climat est doux. Toute la petite équipe est prête à affronter les imprévus de la journée. Le réceptionniste nous fait savoir qu'une personne de l'Association nous attend. C'est Suhad à laquelle j'avais, de l'hôtel, envoyé un email l'informant de notre arrivée : une jeune femme voilée au teint hâlé et aux yeux noirs. Pour ce qui est de la couleur des cheveux, on en restera à la conjecture : l'herméticité de l'enveloppement est totale. Elle porte à la main un ordinateur portable et se présente en anglais avec un gentil sourire. Un taxi nous attend. Nous nous y entassons pour gagner l'hôpital. Le chauffeur est sympathique : affable il nous remercie de venir aider son peuple qui, dit-il en a bien besoin ! Il connait un peu la France pour avoir transité par Paris et visité notre capitale. Il a étudié la philosophie à Berlin mais est rentré voici quelques années jugeant que sa place pour fonder une famille était à Ramallah !

Plein d'humour il nous explique qu'il a pris cette fonction de chauffeur avec une « certaine philosophie » !

Il espère pour son fils un avenir meilleur que le sien, « comme tous les pères » affirme-t-il.

Descente de notre colline entre des villas d'un certain standing, de petits immeubles d'habitation et de bureaux. Remontée vers la colline d'en face, ruelles encore, et une circulation plus dense. Nous passons devant l'immeuble du parlement de l'Autorité Palestinienne. Une grande église est en construction. Il existe une population chrétienne non négligeable à Ramallah. Dans une rue à sens unique bordée d'arbres se trouve l'hôpital de la municipalité.

Il s'agit d'une modeste bâtisse de béton défraîchie de trois étages. Devant l'entrée des consultants stationnent des petits chariots de marchands ambulants. C'est un commerce de dépannage pour les malades et leurs familles : rasoirs, peignes, savonnettes, boissons, pâtisseries et cigarettes détaillés à la pièce… Les tenanciers assis sur le trottoir ou sur des petits tabourets bavardent entre eux.

Nous quittons avec sa bénédiction notre chaleureux taximan en nous extirpant de son véhicule dans lequel nous nous étions rangé comme des sardines: il nous laisse sa carte au cas où…

Nous franchissons un portail en fer forgé à la peinture verte écaillée. Un petit jardin précède le perron : bougainvillées et lauriers-roses y fleurissent à l'ombre de poivriers. Un va-et-vient continuel de patients signe l'activité de ce centre de soins : des femmes voilées avec leurs enfants sur les bras, des hommes âgés en burnous ou djellaba coiffés d'un chèche ou d'un keffieh, des jeunes en jeans et tee-shirts. Beaucoup ont une cigarette au bec qu'ils allument en sortant. Sur le pilier droit du portail, un panneau indique que le port d'armes est interdit dans l'établissement : cercle rouge barré sur un pistolet. Nous avons davantage l'habitude dans nos pays de voir sur ce genre de panneaux d'interdiction plutôt une cigarette qu'une arme. Au-dessus de la porte principale flotte le drapeau palestinien. Une inscription en arabe signale l'hôpital municipal de Ramallah.

Le hall d'entrée pavé de carreaux noirs est sombre. Nous y sommes accueillis par les effigies de Mahmoud Abbas et de Yasser Arafat. Le premier, cravaté, en costume, est photographié comme un chef d'Etat. Le second, en pied, déhanché, en tenue militaire, pose fièrement : lèvre inférieure humide, keffieh en bataille et colt sur la hanche : un John Wayne d'Orient à l'œil noir et au sourire inquiétant. Au fond de ce hall les guichets d'accueil pour enregistrer les malades : même panneau d'avertissement interdisant ici, si l'on en croit le dessin, les Kalachnikovs. Insolite ! Nous gagnons les ascenseurs.

Au troisième étage, la porte s'ouvre sur le bloc opératoire. La salle de repos du personnel est sommaire avec une bibliothèque dans laquelle on peut voir des vieux numéros des « annals of anaesthesiology » à côté de tapis de prière enroulés. Un sommier métallique dont le matelas aux coutures défaites vomit des bourres de laine grise est le lit de garde. Nous taquinons Jeanne en lui disant qu'elle va passer ici une bonne semaine avec des nuits confortables ! Dans la salle adjacente, quelques fauteuils de bureau au skaï élimé entourent une table basse au formica taché de café et de thé. Des verres sales traînent avec quelques cuillères près d'un cendrier plein. Dans un coin, sur une étagère murale, un téléviseur solitaire monologue à voix haute. Par la fenêtre, le soleil tente de se faufiler à travers l'opacité crasseuse des carreaux pour éclairer la pièce. Des mégots refroidis ont été écrasés sur le rebord de celle-ci. Manifestement, ici, on peut fumer dans les lieux publics !

Invités à nous asseoir, un café nous est offert. Les verres sont soigneusement rincés à un robinet duquel coule un maigre filet. Au mur, une horloge à l'égide d'un laboratoire de fils de sutures nous annonce qu'il va être neuf heures. La conversation est timide, ma petite équipe ne manipulant l'anglais qu'avec quelques réticences. Nous nous comprenons suffisamment. Le personnel du bloc qui passe dans cette salle, s'il nous salue avec courtoisie, nous examine avec curiosité.

Tous sont en pyjama vert sur lequel est imprimé un énorme croissant rouge avec en arabe, (on nous l'a traduit), « ministère de la santé de Palestine ». Nous exprimons notre impatience de voir la structure dans laquelle nous aurons à travailler : Suhad et une infirmière du bloc nous conduisent d'abord à l'Unité de Soins Intensifs au premier étage. Après avoir franchi une porte renforcée par des grilles, nous remontons un couloir au bout duquel se trouve l'entrée des Soins. La porte est munie d'une serrure à code. Il existe une sonnette pour se faire ouvrir.

Au-delà de cette porte, nous entrons dans un univers propre, climatisé, peint en bleu ciel : dans les box, les patients y sont l'objet d'une surveillance de tous les instants. Cette structure est identique à celle que nous connaissons en Europe. Le personnel féminin est assorti, voilé en bleu clair avec de longues blouses descendant jusqu'aux pieds. Les manches s'arrêtent au poignet : point trop n'en faut montrer ! Notre présentation se fait avec courtoisie. Si je peux serrer la main des infirmiers de cette salle, les jeunes femmes refusent ma main tendue. La gaffe ! No shake hand ! On ne se touchera donc pas ! En revanche le surveillant de la réanimation s'affaire autour de nos deux donzelles, leur passant la main dans le dos et les prenant par le cou pour leur montrer tel respirateur ou telle tête de pression… Il en bave, sous sa moustache ! Des bras nus et bronzés, des décolletés, des cheveux bouclés… Quelle aubaine !

Dans cette Unité de Soins Intensifs parfaitement équipée coexistent les malades cardiologiques médicaux et ceux que nous opérerons. Hommes ou femmes sont là pour des défaillances cardiaques par maladie des valves ou des coronaires, séparés par des paravents.

Le chirurgien attendu nous rejoint : teint basané, taille moyenne, cheveux courts coiffés en arrière, grisonnants sur les tempes, avec une calvitie débutante. A travers ses lunettes à monture métallique avec des verres épais son regard marron est vif. Son anglais est bon. Il se présente et nous souhaite la bienvenue. Nous gagnons son bureau afin de faire un tri des patients à opérer dans la semaine. Couloirs peints en vert, sol carrelé de beige. Le bureau est très peu personnalisé. Sur les murs quelques photocopies en noir et blanc punaisées de schémas du cœur et de la circulation. Un ordinateur équipé de Windows 98 charge lentement les CD des examens coronarographiques. Devant l'écran nous étudions ensemble les films de chaque patient avec leur dossier afin de poser les indications opératoires. La qualité des images est excellente. Le cardiologue est bon. Suhad en bout de table a installé son ordinateur portable. Sur un tableur elle note la liste des futurs opérés avec leurs coordonnées afin de les convoquer. La matinée se passe ainsi à éplucher une quarantaine de dossiers. La liste d'attente chirurgicale s'allonge. On ne pourra pas tout faire dans la semaine : un choix s'impose.

Le thé que l'on nous sert rompt la monotonie de la réunion ainsi que la venue de trois malades à examiner : lymphoedèmes et ulcères variqueux. Les femmes, vêtues de robes descendant jusqu'aux pieds, condescendent à les remonter jusqu'aux genoux pour montrer ulcères et varices. Je n'ose les leur faire remonter plus haut pour rechercher au niveau de l'aine un reflux veineux. Tant pis !

Nous allons fumer une cigarette devant la porte de l'hosto. Le soleil est bon. Nous avons la sensation d'être régénérés, nettoyés de cette immersion dans l'univers hospitalier. Les patients qui entrent et sortent nous regardent et ne sont pas avares de sourires. On y répond de même. Il est près de quinze heures lorsque l'on regagne la salle de repos du bloc : le casse-croûte nous y attend : galettes roulées sur un farci parfumé. Quelques verres de Coca-cola pour faire passer, un café et une cigarette. Tout va bien. On passe des sur-chaussures pour visiter le bloc opératoire. Salles et rangements sont vétustes. La propreté est relative, si l'on en juge par le jus coulant des serpillières et de l'eau sombre des seaux. Heureusement le sol est en balatum noir…

La salle de chirurgie cardiaque est petite, compte tenu du matériel qu'elle contient. Le faux plafond est par endroits décollé. Les bâtis de pompe et le matériel d'anesthésie semblent convenables à mes collègues. La prise en main ne devrait pas poser de problème. Nous avons prévu deux interventions pour le lendemain. Rendez-vous à l'hôtel à huit heures.

7-Ramallah…

Ce soir Mahmoud sera à son rendez-vous. Il a laissé son épouse à la maison. Son fils après dîner s'est échappé pour retrouver ses copains. Ce jeune écervelé est excité par l'actualité. Mahmoud s'inquiète. L'embrigadement est tellement facile. La conjoncture se prête à toutes les excuses pour utiliser la jeunesse. L'humiliation quotidienne et l'embargo sur la bande de Gaza attisent la rancœur des adolescents : qui sème le vent récolte la tempête. A souffler sur les braises on en fait jaillir des flammes ! L'étude de la philosophie a appris à Mahmoud la réflexion et le contrôle des impulsions primaires. D'abord analyser ! Il pense que la surenchère de la violence pour endiguer la folie du monde qui l'entoure ne mène à rien : le prix du sang est toujours excessif. Mieux valent les armes politiques pour imposer ses vues…

Mahmoud, aveugle à ce qui l'entoure, plongé dans ses pensées, remonte la rue d'un pas rapide. Les jeunes, excédés, prêts à jouer leur peau au poker de la guerre sont si difficiles à raisonner !

Ce soir encore, la conversation au dîner s'est mal terminée. Khalil était révolté par l'annonce sur les ondes de l'attitude de plus en plus conflictuelle des Israéliens. Gaza bloquée : les malades cancéreux et les enfants soustraits aux soins. Injure aux droits de l'homme !

Coupures d'eau et d'électricité !

Restrictions de fuel pour alimenter les centrales thermiques où ce qu'il en reste de fonctionnel après les bombardements

Zone mortelle de « no go » longeant la frontière en une bande continue d'un kilomètre sous haute surveillance vidéo depuis les centres de contrôles militaires de Tel Aviv ! Gare à l'intrus qui s'y aventurerait : les mitrailleuses télécommandées le cloueraient au sol.

Restriction des droits de pêche à la distance ridicule de trois milles du rivage alors que le traité d'Oslo le situait à trente nautiques !

Exportations bloquées ! Même les fraises ne sortent pas !

La révolte gronde dans le foyer de Mahmoud. Son grand garçon ne comprend pas les propos d'apaisement de son père. Il n'est de pire sourd… Mais son père n'a qu'un but : le conduire à mener à bien ses études, lui épargner un égarement dangereux. Khalil avec son cœur trop grand en est presque à traiter son père de lâche.

Mahmoud s'arrête devant un monument aux morts à l'angle de la rue : sur une plaque de marbre blanc, gravée en lettres vermiculaires noires, une longue liste de martyrs. Des morts inutiles ! La guerre des pierres contre les blindés !

Son fils est vulnérable, il ne lui ressemble pas : son mysticisme est excessif. Est-ce une réaction ? Mahmoud ne l'a pas élevé dans une austère interprétation de la religion. Il a voulu surtout lui inculquer un sens civique, celui que toute religion prétend imposer comme règle de vie en société. Allah, bien sûr, est Grand ! Unique et miséricordieux. Mahmoud sait bien qu'il n'existe pas de Dieu qui n'ait pas ces qualités. Et s'il existe, Mahmoud a bien conscience que le Dieu des uns est le même que celui des Autres ! Il sait aussi qu'une foi sans raison est mère de l'intolérance et du fanatisme : un inaltérable Mur face aux autres ! Mur indestructible et générateur de bien trop de martyrs dans l'histoire de l'Homme ! L'incompréhension et le désir de prosélytisme ont généré des chocs frontaux sanglants comme des combats de buffles bornés aux aveugles convictions.

Khalil a encore mis sur la table cette nécessité d'être les maîtres de Jérusalem :

-C'est « notre » ville sainte au même titre que Médine ou La Mecque. «- Al Aqsa », papa, c'est « notre » lieu saint !

Que répondre à cela ? Sur son coursier, Bouraq, la chevauchée nocturne du prophète l'avait conduit de La Mecque à Jérusalem. Cela Mahmoud le savait. C'est là, sur l'esplanade des mosquées qu'il avait laissé son destrier pour découvrir les sept ciels et leurs prophètes… Ceux qui l'avaient précédé ici-bas en portant la parole divine : Abraham, Moussa (Moïse), Aissa, (Jésus), et les autres et l'ange Gabriel, ce grand bavard, Gebril ! C'est là qu'au jour de l'Apocalypse, Mahomet reviendra les retrouver tous afin de prier ensemble. De cette divinité du lieu, Mahmoud ne doutait pas un instant. Il avait aussi étudié le Coran.

Mais que répondre à ce fils, aux œillères de jeune étalon fringuant, sûr de sa foi et dépourvu du recul nécessaire à la raison ? Mahmoud voudrait faire comprendre à son fils que foi et raison, antagonistes au même titre que l'eau et le feu, doivent être posément dosés pour permettre la clairvoyance !

Khalil se hérisse devant la réticence de son père à reconnaître l'intangibilité des lois de l'Islam à ne pas transgresser. Mahmoud, lui, considère que le voile n'est pas un attribut de sa femme. Il se refuse à le lui imposer. Il a vécu en Europe. Il sait que la vue d'une chevelure féminine ne signifie pas forcément dévoiement. C'est Aicha, riche du prénom de la femme du Prophète, qui désire volontairement s'en parer pour sortir. Elle en a une collection de couleurs différentes et sait, avec coquetterie, les harmoniser avec les teintes de ses longues robes.

La fidélité de Mahmoud aux règles de l'Islam l'est plus par tradition et respect de ses parents que par conviction : l'hospitalité est pour lui une ligne de vie, les prières une opportunité pour méditer et le Ramadan une occasion de se joindre à cette période d'abstinence récompensée par la rupture collective du jeûne au coup de canon ! Mais hélas, le canon ne tonne plus pour cela. Il donne de la voix pour tuer !

Mahmoud marche lentement, les mains dans les poches. Il ne peut s'empêcher en permanence d'osciller entre colère et apaisement. Depuis son enfance il n'a connu que ce climat de conflit et l'oppression d'une inextricable situation.

Que faire pour exempter la génération qui le suit de cet insupportable fardeau qu'est l'humiliation ?

Il voudrait tant que ses enfants et petits-enfants s'épanouissent dans cette Palestine qu'il habite : il se sent participer de la sève des oliviers, du parfum des orangers, de ces douars de pierres sèches et de cette poussière que le vent du désert porte avec lui lorsque son haleine brûlante fait vibrer l'horizon. Cette terre aride lui est plus chère que toute autre richesse. Son séjour allemand pour ses études, ce dépaysement, cette temporaire transplantation lui ont donné la mesure de son attachement à son pays natal : ce fut le révélateur et aussi le fixateur. Plus qu'un simple mal du pays, cette douloureuse nostalgie était sous-tendue par la vision plus globale de la situation appréhendée de loin, avec des yeux neufs. Il a conscience de cette déchirure profonde qu'il porte en lui depuis cette enfance captive entre les barbelés des camps de réfugiés : il l'a héritée de ses parents qu'il a vu pleurer en silence. C'est avec leurs larmes et leurs souvenirs qu'ils quittèrent la côte et cet arrière-pays si riche : un jardin d'agrumes, de lauriers, de grenadiers et de bougainvillées, un petit coin de paradis.

La « Nakba » disaient-ils ! La « Nakba ! »

Lui-même, Mahmoud, n'était pas né lors de ce terrible évènement, un tremblement de terre, un cataclysme, une remise en question du quotidien et du futur !

En un mot, « la catastrophe » !

L'état hébreu comme un coin de métal était enchâssé en force dans la chair meurtrie de son pays.

C'était en quarante-huit !

De ce passé, de cette mutilation ne restent dans un tiroir de son bureau que quelques photographies jaunies qu'il ose parfois sortir, lorsqu'il est seul. Il n'a plus mal en les voyant. Elles ne le font plus souffrir : il s'est petit à petit guéri des regrets et prémuni vis-à-vis de sa sensibilité initiale. Ces visages heureux de ses parents dans leur villa, dans leur jardin fleuri sur fond de mer, lui semblent d'un autre temps. Il n'y voit maintenant que matière à réflexion. Sa mère qu'il dévisage était, devant l'objectif, plus jeune qu'Aicha aujourd'hui. Son père pouvait avoir à peu près son âge. Le jeune couple semblait comblé : la bâtisse de pierre à l'arrière-plan n'était pas une demeure de riche mais elle suffisait à leur bonheur.

Pourquoi a-t-il fallu que le destin gomme cette félicité en détruisant leur modeste univers ?

De quel droit des décrets extérieurs les ont-ils floués de leurs possessions pour les déraciner ?

On ne déracine pas un olivier, il en meurt !

Il en est de même des hommes.

Sa colère, il tente de la maîtriser par la raison. Ses études de philosophie lui ont appris à tenter de discerner si possible la vérité en évitant la distorsion liée à l'impulsivité des sentiments.

8-Journal (suite)

Dans la salle de repos du bloc nous attend un grand Noir d'une trentaine d'années. C'est Mike, un américain de Cleveland. Il remplace le fondateur de l'association humanitaire, durant son absence de Palestine. Il se propose, puisque nous avons fini la journée, de nous faire visiter Ramallah et de gagner ensuite la vieille ville de Jérusalem pour y dîner. Ce programme sympathique et imprévu nous réjouit.

Le centre ville n'est qu'à cinq minutes à pied de l'hôpital. Nous cheminons sur des trottoirs au revêtement disloqué rendant la marche dangereuse. Les piétons sont nombreux : se mêlent les vêtements européens et les silhouettes noires des femmes voilées. Les jeunes filles ne portent pas toutes l'hijab. La circulation est rendue bruyante par un concert ininterrompu de klaxons. Les bâtisses à chaque balcon ou terrasse sont équipées des paraboles de chaînes satellitaires fixant toutes le même point du ciel. Dans les ruelles commerçantes bordées d'échoppes les magasins de mode semblent en total divorce avec les tenues austères portées par les femmes hors de leur domicile : y sont exposés robes légères et sous-vêtements affriolants. La coquetterie liée au sexe n'est probablement pas complètement maîtrisée par la religion : les femmes apprécient aussi les tenues plus osées réservées à la vue de leur seigneur et maître de mari. Les restaurants ouvrent leurs comptoirs sur la rue : y tournent les broches d'agneaux en kebab. Les artisans font frire dans leurs chaudrons d'huile bouillante les beignets de blé concassé moulés en deux coups de cuillères. L'odeur, dans la chaleur ambiante, ne donne pas faim.

La « place des lions » reste le cœur de Ramallah : statues de pierre beige couchées, ils trônent au centre d'un rond-point. D'un œil indifférent ils contemplent le manège des automobiles embouteillant le centre ville. Des vendeurs d'eau ou de thé déambulent en tenue traditionnelle : chéchia rouge, pantalon noir ample, chemise brodée. Leurs clochettes agitées avec frénésie attirent le chaland auquel ils offrent leurs gobelets : ils portent sur le dos leur réservoir de cuivre argenté orné de pompons colorés. Les verres sont rincés succinctement d'un consommateur à l'autre.

Sur quelques façades des panneaux publicitaires pour des cartes bancaires sont illustrés par les photographies de beautés brunes aux cheveux fous. Etonnant lorsque l'on voit la clientèle voilée à laquelle elle s'adresse !

Embarqués avec délice dans un minibus climatisé, nous devons repasser par notre hôtel car Marie, toujours distraite, a oublié de prendre son passeport : les contrôles sont constants.

Finalement nous sortons de Ramallah pour gagner les banlieues puis la route de Jérusalem surplombée par les colonies israéliennes entourées de l'omniprésent Mur de ciment. Cette triste enceinte, du côté palestinien, est bordée de ruines. Certains panneaux sont tagués.

- La construction du Mur, me dit le chauffeur a fait sacrifier de nombreux champs d'oliviers et d'agrumes.

Je lui dis avoir en mémoire ce film d'un metteur en scène israélien intitulé « les citronniers ». Certains d'entre eux trouvent donc abusive l'attitude de leur propre pays vis-à-vis des Palestiniens pour le mettre ainsi en images. Des zones habitées ont été concernées par l'édification de ce sinistre monument de l'ineptie humaine.

-Une demi-heure avant leur expulsion, plus de quarante occupants d'un petit marché voisin ont été sommés de ramasser leurs affaires et de quitter les lieux : pas de préavis. Les bulldozers ont tout rasé ! me confie notre conducteur.

-Ce Mur, me dit-il se situe au-delà des limites normales de démarcation des Etats respectifs : la Palestine des Palestiniens est grignotée ! Rongée !

En bord de route des étals de fruits en plein air : quelques voitures sont garées sur le bas-côté à proximité. Une balance romaine sert à peser des pêches et des abricots. Un jeune garçon vend des cerfs-volants qu'il agite dans le vent. Il nous fait un grand sourire. Je ne peux m'empêcher d'évoquer ceux de Kaboul…

Le check point est franchi sans trop de difficulté : après une queue patiente, contrôle des passeports. Le chauffeur est connu et il transporte des touristes. D'autres véhicules sont plus longuement bloqués sur le bas-côté, coffre et portes ouverts, en cours de fouille.

Au-delà, la route devient subitement très bonne. Elle serpente entre des collines crayeuses, bordée de hautes barrières de grillages et de barbelés. L'arrivée à Jérusalem est rapide : la distance entre Ramallah et cette dernière n'excède pas vingt-cinq kilomètres. Une voie autoroutière prend le relais de la route à deux voies. Les constructions de la ville neuve la bordent et la surplombent. Nous pouvons voir sur la gauche un superbe hôpital flambant neuf. Des panneaux indiquent la direction de la vieille ville.

Les murailles de pierres grises et blanches crénelées apparaissent au-delà d'un terre-plein pavé bordé de palmiers. La porte de Damas s'ouvre en contrebas d'une large volée de marches développée en amphithéâtre. La perspective en est brouillée par l'étalement sur chacune de celles-ci de chaussures de sport : des centaines de paires de tennis et baskets de toutes marques : Converse, Nike… Vraies ou fausses ? Une foule effervescente mêle autochtones et touristes.

Quelques porteurs d'eau avec leurs clochettes proposent bruyamment leurs boissons. De la marée houleuse des têtes émergent leurs réservoirs brillant au soleil. Mike ouvre la route dans cette épaisse cohue. Nous avons tous le nez en l'air pour ne rien perdre du spectacle. Je ne m'imaginais pas la vieille ville de Jérusalem comme cela. Le chemin de la passion, la « via dolorosa » étroite et tortueuse ruelle, a la pénombre des souks orientaux. Nous avons l'impression de cheminer dans un tunnel. Les échoppes la bordent jusqu'au sommet de la colline du Golgotha où se trouve l'église du Saint Sépulcre. Les marchands du temple sont toujours là ! Ce souk me rappelle celui de Damas, autour de la mosquée des Omeyyades mais en plus étriqué. Les fruits, les épices en montagnes colorées et parfumées, les pâtisseries dégoulinantes de miel mêlées de pistaches et de pignons de pins alternent avec le bric-à-brac des bazars dans lesquels se trouvent toutes sortes d'objets aussi insolites par exemple que des Kalachnikov en plastique. Une bimbeloterie pour touristes remplit ces antres dans la profondeur desquels l'exploration est spéléologique. Entre deux petits commerces s'insère accessoirement une chapelle évoquant les stations du chemin de croix. Devant la septième, un brave homme change les bouquets de fleurs de l'autel et en négocie l'entrée moyennant une obole.

Portés par la cohue, grimpant le long de cette véritable tranchée entre les marchands, nous arrivons sur la place de l'église du Saint Sépulcre. Les vitrines des bazars exhibent un arsenal d'objets de piété : chapelets, crucifix, images saintes en chromo tout à fait kitch, et mise à la vente sous verre des couronnes d'épines et des clous !

Sur le parvis cette église me déçoit par la banalité de sa façade. En face d'elle, un minaret égrène, par un haut-parleur nasillard, l'appel à la prière. Les cloches lui répondent. Ce mélange des genres serait sympathique, s'il ne s'associait pas à un état de tension intercommunautaire.

L'entrée de l'église a l'agitation d'une fourmilière. Ce lieu de culte rassemble diverses obédiences de la chrétienté. Nous y attendions silence et recueillement. Nous sommes pris dans un véritable marché à la criée ! L'église est partagée entre les orthodoxes russes, syriaques, araméens, coptes et catholiques. La plus large part revient aux orthodoxes. Les popes aux chignons et longues barbes hantent les lieux. Des religieuses aussi voilées que les musulmanes en hijab, toutes de noir drapées, affichent leur austérité par des visages pâles, presque macabres à la lumière des cierges. Je repense à Belphégor qui, enfant, alimentait mes cauchemars. Elles ont la rigidité de statues dont elles partagent les ombres, sous les voûtes. Le

Saint Sépulcre, au centre de l'édifice, est jalousement gardé par un religieux barbu à la carrure d'Hercule. Il s'agite tel un bateleur de foire et fait la police afin que dévots et curieux défilent dans l'ordre. Une longue queue patiente autour de la chapelle illuminée dans laquelle se trouve le tombeau. Un défilé de popes se prépare devant nos yeux : le doyen endosse une pesante chasuble pourpre brodée d'or. Ses acolytes la lui présentent en la glissant sous son chignon. Ils lui tendent une longue canne à crosse d'argent repoussé. La procession part du tombeau pour gagner la nef dont l'accès nous est barré : nous ne sommes pas orthodoxes ! Cette assemblée de prélats est impressionnante par la sérénité sculpturale de leurs faces. Derrière le tombeau, parent pauvre des congrégations, un prêtre syrien araméen debout devant un haut pupitre, à la lumière d'un cierge, brame ses prières d'une voix puissante : manifestement il veut couvrir le ronron plus monotone de celles de ses plus nombreux collègues qui défilent ! Les catholiques, eux, sont d'une discrétion polie : leur chapelle est vide en dehors d'une négresse à genoux sur un prie-Dieu sanglotant devant l'autel. Le sanctuaire est décoré d'un chemin de croix en fer forgé de facture moderne. Un moine, robe de bure et grosse ceinture de corde, en nu-pieds de cuir crissant sur les dalles, traverse l'oratoire pour s'asseoir, pensif, près de l'autel dédié à Sainte Marie-Madeleine. Il prie en silence sans se laisser aller à cette bruyante surenchère de la foi. L'église est riche en mosaïques byzantines dorées résumant l'itinéraire christique : passion, crucifixion, mise en bière, piéta, descente de croix et résurrection. L'incessant et bruyant va-et-vient enlève tout caractère propice aux méditations que ce lieu serait en droit d'inspirer.

Je m'échappe pour retrouver la lumière éblouissante inondant la place. Sur la gauche s'ouvre une petite chapelle faisant figure d'enfant pauvre, désertée des visiteurs : sa voûte basse noircie par la fumée des cierges a l'inquiétante profondeur d'une grotte. Les icônes osent à peine y briller de leur argent oxydé. Dans un coin de clair-obscur, une ombre :

un pope crasseux, à la soutane élimée, est concentré sur la lecture d'un gros livre tenu à deux mains. Ses bésicles au bout du nez, il le déchiffre à la lueur d'une pâle ampoule électrique. Ici, dans ce timide oratoire, silencieux, je palpe enfin le sentiment du « sacré ».

La chaleur éprouvante donne soif : un jus d'oranges pressées glacé nous revigore et nous laisse le temps d'écrire quelques cartes postales. Je découvre le mysticisme de Jeanne et de Pierre qui font provision de petites croix. Sceptique, Marie reste contemplatrice des lieux qu'elle se contente de photographier...

9-Jérusalem…

La blessure secrète que Moshé porte inconsciemment enfouie en lui reste cette inavouable culpabilité du hasard de sa propre survie, lorsque tant d'autres furent condamnés. Il se sent investi d'un devoir de témoignage afin que les morts n'aient pas été sacrifiés pour rien. Certes il ne croit guère en la mémoire de l'Humanité : il sait que les peuples sont amnésiques. Les guerres sont l'avenir de l'homme autant que son passé. De religions ou d'idéologies, elles dévasteront la planète et ne seront jamais finies tant que l'image d'un Dieu aveuglera les croyants prosélytes ou tant que le désir de puissance d'un tyran attisera les fanatismes.

Il en a trop vu, Moshé, et depuis si longtemps !

Lui revient à la mémoire son pèlerinage en République tchèque. Il se devait d'y retourner pour humer les traces de son passé et tenter d'y retrouver les liens l'unissant à ses ancêtres : faire à rebours le long chemin de son enfance.

Pour s'y résoudre il avait dû laisser le temps au temps. Non pour cicatriser, il n'y fallait point compter. Chroniques, de telles blessures ne se referment jamais totalement. Tout au plus moins douloureuses autorisent-elles l'audace d'un retour.

Epaulé par son épouse qui avait senti sourdre en lui cette mélancolie mûrie par les années, il avait réservé deux billets d'avion pour Prague. Ce n'était pas un voyage touristique. Ils avaient volontairement choisi une période pré-hivernale associant une moindre affluence et les prix de la basse saison.

Peu importe le temps.

Un espoir de neige lui venait presque à l'esprit : ainsi le ciel aurait-il été en harmonie avec ses pensées ! Celles-ci mêlaient confusément les images d'une trop courte enfance, les visages estompés dans les souvenirs comme sur de vieilles photographies sépia et les lieux restés indistincts. La géographie des quartiers était moins nette dans sa tête que l'agencement des pièces et du mobilier de l'appartement dans lequel il avait passé ses premières années ou que la cour dans laquelle il jouait : les grands platanes, le banc de pierre, les buissons de buis derrière lesquels se cacher. Mais la Vltava avait coulé sous les arches des vieux ponts pendant presque une vie d'homme ! Guerres et occupations successives ne laissent que des ruines. Sa vie au milieu de tant d'évènements lui avait semblé courte, parsemée de décombres au milieu desquels il avait fallu qu'il se reconstruise. Il y était parvenu, sur cette terre palestinienne qu'il avait contribué à amadouer et à fertiliser. C'est en elle qu'il avait planté ses racines nouvelles et pour elle qu'il s'était battu. Il était fier de sa famille créée avec amour : il en était le tronc solide sur les branches duquel il voyait prospérer une génération, née de sa chair.

Il s'était résolu à son voyage vers l'est de l'Europe après avoir longuement tergiversé. Le désir de raviver ses souvenirs était mêlé à la crainte de les voir le brûler et de se faire inutilement du mal.

Il faisait froid et il pleuvait sur Prague. Le tarmac de l'aéroport était constellé de flaques reflétant un ciel gris. Ils descendirent de l'Embraer de la compagnie nationale tchèque arrivant de Milan - Malpensa. L'Italie leur avait souri avec un soleil de fin d'automne. La Tchéquie indifférente restait morne. La nuit tombait de l'Est avec une heure d'avance. Personne ne les attendait. Ils se trouvèrent, après avoir récupéré leurs bagages et passé un poste de douane endormi, dans l'immense hall d'arrivée. Le distributeur de monnaie ne fit aucune difficulté pour avaler leur carte de crédit : ils avaient dans la main une liasse de couronnes tchèques.

Ils s'engouffrèrent dans un taxi en donnant le nom de leur hôtel : ils l'avaient choisi dans le quartier dit « josefov», le quartier juif. Ce site de l'ancien ghetto jouxte la vielle ville dite «stare mesto». Ces noms résonnaient dans la tête de Moshé éveillant quelques réminiscences. Taciturne, le chauffeur conduisait lentement : quittant les boulevards périphériques, il s'engagea dans une enfilade de ruelles pavées pour finalement stopper devant l'hôtel : un immeuble ocre de style art-déco, comme la plupart de ceux de ce quartier, reconstruit au début du siècle. Le hall de réception était accueillant. La chaleur qui y régnait les revigora. Du comptoir de l'accueil émergeait le tronc d'une opulente réceptionniste. Avec un grand sourire, elle leur attribua une chambre de luxe au second étage. Les deux fenêtres étaient doublées signant la rigueur des hivers. Elles s'ouvraient sur une belle église illuminée de style baroque dont les statues exubérantes aux croix et aux épées dorées ornaient le toit. Elles regardaient, indiscrètes, dans la chambre. Dans cet établissement qui les accueillait pour une semaine régnait une atmosphère feutrée et calme propice à leur méditation.

Moshé était ému d'être là, dans ces lieux de mémoire. Son épouse ressentait de façon aiguë ce malaise à l'égard duquel elle ne savait pas trop comment se comporter : compatir et s'apitoyer ou bien affecter une fermeté distante mais affectueuse.

Ce premier soir, bien qu'il pleuve sur la ville, il désira faire quelques pas pour « prendre l'air », arguant du fait qu'ils avaient passé la plus grande partie de la journée dans l'avion et dans les aéroports. Elle changea de chaussures et prit une parka avec capuche. Il restait figé devant la fenêtre, absorbé dans ses pensées, indifférent au monument illuminé. Elle était consciente que ce voyage était d'un genre particulier. Que cette rencontre avec le passé serait décisive. Moshé la prit par le bras. Ils sortirent pour déambuler au hasard des rues. Leurs silhouettes se reflétaient sur les pavés noirs et blancs du trottoir. Moshé humait cet air froid et restait silencieux. Elle respectait ce silence et se laissait guider. De rares passants sous leur parapluie se faufilaient dans les halos des lampadaires. Le bruit de leurs pas résonnait curieusement dans cette relative solitude. Pas de voiture ou presque. Les restaurants du quartier étaient assez nombreux. Les vitrines laissaient voir les dîneurs attardés conversant dans l'intimité tamisée de bougies ou de petites lampes. La vie semblait couler au ralenti à cette heure tardive.

Leur déambulation les fit passer devant deux églises illuminées. La statue de Franz Kafka, en bronze, les interpella : il était comme un enfant, juché sur les épaules d'un curieux personnage sans bras et sans tête. Loufoque, elle traduisait bien le monde surréaliste de l'auteur de « la métamorphose ». Moshé sembla se dérider. Il plaisanta. Son épouse se demanda s'il était naturel ou s'il se forçait, pour elle, à détendre l'atmosphère. Il se rembrunit lorsque, levant les yeux au-delà de cette statue, il vit l'étoile de David en rosace sur la façade du bâtiment situé en arrière. Il identifia une des synagogues qu'il avait probablement connues : tout jeune, son grand- père et son père le prenaient avec eux lors de certains offices. Ces derniers lui semblaient toujours bien trop longs. Sa connaissance de l'hébreu ne lui permettait pas de suivre les cérémonies. Il les subissait. Il patientait sagement, le nez en l'air, en détaillant les décorations des voûtes, les broderies des voiles cachant la Torah ou les accoutrements des fidèles. Sa kippa glissait toujours sur l'occiput et menaçait de tomber. Il ne saisissait pas, à cette époque, la signification de sa religion : pour lui le Peuple Elu n'avait pas de spécificité. Ce n'est qu'après, bien plus tard, qu'il comprit à quel point le poids d'une religion et l'appartenance à une race pouvaient infléchir le destin d'un individu. Cette synagogue était un édifice de grande taille. Ses fenêtres allongées au galbe oriental l'avaient fait qualifier d' « hispano-mauresque ». Ils restèrent un moment pensifs et reprirent leur promenade en se promettant d'y revenir le lendemain. Son épouse fut éblouie en arrivant sur la place de la mairie : un saisissant décor de théâtre rendu féerique par la pluie et les éclairages. Sur un ciel d'un noir d'encre, auréolé des feux de projecteurs, se découpaient clochetons et clochers des deux tours de Notre-Dame du Tyn d'un côté et la tour de l'Horloge de l'autre. Les façades baroques polychromes encadraient la périphérie de cette esplanade dont les pavés mouillés brillaient. Ils traversèrent la place en diagonale : les réminiscences se cristallisaient à nouveau dans l'esprit de Moshé.

...Il se revoyait en culottes courtes tenant son grand-père par la main. Le vieil homme marchait d'un pas alerte. Enfant, il avait du mal à ajuster ses enjambées sur les siennes. Il s'appliquait à le suivre, comme un grand. Ils s'arrangeaient pour passer devant la grande horloge astronomique quelques minutes avant l'heure fixe. Avec une joie toujours renouvelée il attendait le spectacle du passage de chaque heure. Cette mécanique presque magique à ses yeux d'enfant, depuis des temps immémoriaux, réitérait le même cérémonial. Les cadrans imbriqués les uns dans les autres rendaient compte, au-delà des heures, des quartiers de la lune et des signes zodiacaux. Les aiguilles, comme des hallebardes, lui semblaient monumentales. Au-dessus de l'horloge proprement dite se trouvaient deux fenêtres gothiques closes. Les statues flanquant cette énorme montre murale figuraient à droite un squelette à côté duquel se trouvait une faux. Son grand-père lui avait expliqué qu'il ne fallait pas avoir peur de ce tas d'os portant dans une main un sablier, dans l'autre une clochette :

- C'est ainsi que tout passe. La mort vient clore ce passage terrestre qu'est notre vie, petit. Un jour aussi, je partirai la rejoindre lorsqu'elle m'appellera de sa clochette impérative.

Cette affirmation attristait Moshé.

- Alors je ne te verrai plus, grand-père ? Jamais plus ?

- Nous nous retrouverons plus tard fiston, bien plus tard. Nous aurons alors toute l'éternité devant nous pour jouer et nous promener comme maintenant !

Son grand-père se voulait rassurant mais songeait qu'il fallait bien s'instruire des choses de la vie dès la prime jeunesse. Il savait aussi, l'aïeul, que la vie elle-même se charge, hélas, d'éduquer par l'expérience et parfois trop précocement.

L'éternité !

Ce mot avait interpellé l'enfant qui rétorquait :

-Mais qu'est-ce que l'éternité, grand-père ?

-Et le grand-père d'être soulagé. L'heure, en effet, sonnait à la tour, sourdement, avec toute la grave majesté du bronze. La magie du jacquemart fascinant son petit-fils le dispensait d'une réponse difficile à formuler.

A cet instant, les volets des deux fenêtres ogivales glissaient latéralement laissant passer, devant chacune d'elles, la ronde des apôtres qui, tour à tour, saluaient les passants. Dans le même temps, la mort agitait une clochette au son aigre, secouant, menaçante, son sablier. A côté d'elle un personnage enturbanné remuait la tête de droite à gauche.

La mort l'appelait-elle ?

Refusait-il de la suivre ?

Cette petite scène ne durait que le temps de la sonnerie de l'heure. Vite, les volets se refermaient. Pour clore l'évènement, un coq sculpté au-dessus de ceux-ci exprimait un « cocorico ! » bruyant. Le silence suivant cette cérémonie de l'heure était rapidement rompu par les commentaires de badauds qui reprenaient leur marche. Ce petit spectacle ponctuel et horaire de marionnettes était pour Moshé le but de la promenade. Il ne s'en lassait pas. A ses yeux d'enfant, l'horloge paraissait démesurée : maintenant elle perdait tout d'un coup son prestige pour prendre une taille raisonnable.

Il avait aujourd'hui, Moshé, l'âge de son grand-père !

Son cœur se serra à ces souvenirs d'une enfance trop vite déflorée par les réalités de la vie. Celles-ci, comme l'excès de soleil sur les oranges de Galilée, font mûrir prématurément.

Le couple reprit sa promenade nocturne.

Myriam tenant Moshé par le bras perçut un frisson. Elle lui demanda s'il voulait rentrer, s'il avait froid. Il fit non de la tête. Toujours silencieux, il la conduisit vers le pont Charles… « Karlov Most » indiquait le panneau. Les noms lui revenaient en tête avec une consonance qui ne lui était pas étrangère.

Ils s'engagèrent dans l'étroite rue « Karlova » bordée d'hôtels particuliers aux belles façades : les projecteurs mettaient en valeur toutes ces splendeurs architecturales, blasons, cariatides puissantes encadrant des portes cochères aux lourds battants de chêne, fenêtres ouvragées, statues évoquant des épisodes de la vie du Christ dans des niches. Myriam plaisanta en disant qu'il fallait marcher le nez en l'air pour tout voir et faire attention pour éviter les réverbères !

Vers les bords du fleuve, une brume légère coulait dans ces ruelles diffusant les lumières. Elle leur conférait un aspect féerique. Les ombres des deux promeneurs, obliques sur les murs, étaient la seule présence accompagnant leurs pas. Ils étaient enveloppés du mystère de la nuit. Ils savaient que le lendemain, en plein jour, le charme serait rompu, aussi profitèrent-ils de cet instant partagé et le firent-ils durer, insensibles au sommeil malgré l'heure avancée.

Ils longèrent la façade du Clémentinum, édifice jésuite d'un baroque exubérant, indécent par la blancheur laiteuse de ses murs. Elle contrastait avec les pierres noircies de la tour de péage enjambant l'entrée du pont. Ses clochetons se perdaient dans le brouillard. Les austères statues surplombant le passage, blasées depuis tant de siècles, les virent passer avec une indifférence pétrifiée.

Ils s'engagèrent sur l'édifice, passant en revue les groupes monumentaux de saints fichés dans les parapets. Les cris de mouettes perçaient l'obscurité. De temps en temps, l'une d'elles, comme un reflet blanc, glissait au-dessus de leur tête pour se perdre vers l'eau glauque qu'ils devinaient et dont ils entendaient les murmures. Ils n'allèrent pas au-delà, vers « Mala Strana », sur l'autre rive. Le froid devenait piquant. Il se faisait tard. Ils commençaient à ressentir la fatigue du voyage.

Moshé dormit mal cette nuit-là : trop de fantômes qu'il croyait avoir conjurés vinrent dans l'obscurité le visiter. Il se leva, alla au minibar et but un grand verre d'eau fraîche. Il écarta les lourds rideaux que la femme d'étage avait tirés en ouvrant le lit : La rue était déserte. La lumière des projecteurs éclairait les silhouettes figées des saints décorant les toits de l'église : imperturbables depuis des siècles, ils ruisselaient dans un aérosol de bruine.

En avaient-ils vu des évènements ces témoins muets ?

Mais les bronzes n'ont pas de mémoire. Les hommes possèdent, hélas, ce terrible pouvoir du souvenir. C'est là leur faiblesse. C'est ce que pense ce vieil homme en pyjama frissonnant et insomniaque. Myriam dort, son corps sous les couvertures est allongé en chien de fusil. Compagne depuis si longtemps, elle est devenue le complément de Moshé mais le sommeil les sépare. Il se sent seul. Il se recouche, allongé les yeux mi-clos. Il tente de ne plus penser. C'est ainsi qu'il s'endort enfin au petit matin.

10-Ramallah…

Mahmoud, sur le trottoir, s'arrête, allume une cigarette. Il tire longuement sur celle-ci. La fumée qu'il exhale le calme. Il remonte la ruelle sur cinq cents mètres et prend à droite pour gagner l'avenue qui mène à la place des lions. La nuit tiède distille un parfum ténu de fleur d'oranger. Marchant, étranger à ce qui l'entoure, il réfléchit à la situation. Il a conscience qu'elle peut être critique. Il se dit qu'il doit la maîtriser avec Khalil : impulsif comme une jeune bourrique, il est aussi têtu ! La fréquentation des imams n'arrange pas les choses. Ils savent leur influence psychologique sur ces têtes brûlées. Leur rôle dépasse facilement le niveau mystique. La crédibilité religieuse peut servir de levier à tous les extrêmes. Il suffit de peu de chose pour fanatiser des cœurs purs, vulnérables car sensibles à toute iniquité. Et Dieu sait que l'histoire du peuple palestinien est entachée de brimades et d'arbitraire. Dessaisi de son propre sol, aux yeux d'un monde indifférent, il tente de survivre à son frère ennemi, de lui résister. Khalil, comme tous les adolescents de sa génération, est révolté par les camps de réfugiés hébergeant, de longues années durant, des déracinés d'un sol dont ils étaient les occupants. Il sait que la partition de son pays s'est faite sans l'avis de ses habitants, au prix d'une usurpation des sols et d'un déplacement des populations. Il sait que cette création d'un état hébreu n'est que la traduction patente de la mauvaise conscience de l'Europe de l'après-guerre face à ce génocide des Juifs en Allemagne.

La Shoah des uns ne justifie pas la Nakba induite chez les autres !

Il ne comprend pas sur quelles bases peut se revendiquer après plus de deux mille années un territoire d'où est partie une diaspora sémite.

Les fils de Sem, lui-même fils de Noé, auraient-ils plus de droits que lui sur cette terre?

S'il est vrai que le premier Hominidé est parti d'Afrique pour conquérir l'Asie, pourquoi alors les asiatiques ne revendiqueraient-ils pas aussi, plus de quarante mille ans après, la récupération de la terre de leurs ancêtres ?

Khalil et ses copains ont conscience de la misère de leurs proches, de l'opprobre que lui fait subir à longueur d'années ce peuple nouvellement implanté : seulement une soixantaine d'années, finalement ! Et cela reste incompréhensible pour un esprit pétri de justice.

Comment un adolescent peut-il avaler de telles couleuvres ?

De tous les côtés de l'endroit misérable où il vit, il se voit entouré de ce Mur, surplombé par les insolentes colonies juives, prisonnier de ses frontières artificiellement créées dont l'étau se resserre, bafoué et refoulé à chaque tentative de sortie ?

Le cocktail explosif est dans la bouteille.

On secoue et une seule étincelle peut tout faire exploser !

Mahmoud a conscience de l'effervescence passionnelle dans le cœur pur de son fils. A son heure il a, lui aussi, été tourmenté par les affres de la colère, de la rébellion, d'un désir de revanche, d'une brûlante envie de lutte armée. La chance de sa vie, il en est conscient à cette heure, lui, actuel chauffeur de taxi, a été de faire des études supérieures. Ses études de philosophie ont modelé son esprit. L'analyse plus distante et plus froide de la situation actuelle lorsqu'il était loin de chez lui, dans le pays même de la Shoah, lui a fait percevoir que la situation géopolitique en était à un point de non-retour.

L'état hébreu était bien là. La cohabitation lui semblait incontournable. Seule, lui semblait-il, une compréhension mutuelle s'imposait pour harmoniser la vie des deux communautés. A son avis, une certaine distance vis-à-vis des impératifs des religions était nécessaire autant pour les juifs que pour les musulmans afin que l'intégrisme ravageur ne vienne pas corrompre les tentatives d'honnête cohabitation par des hommes de bonne volonté.

Mais comment raisonner une tête de mule comme Khalil ?

Celui-ci se bouche les oreilles aux propos de son père. Il le juge avec dureté comme étant un lâche et un collaborateur. Il devient rapidement injurieux, emporté dans ses propos. Aicha et Mahmoud sont malheureux de cette incompréhension. Ils aiment ce fils plus que tout. Leur seule préoccupation est de le protéger contre lui-même.

Mahmoud arrive devant le café dans lequel il retrouve ses amis. La porte en est largement ouverte sur la rue. Les consommateurs sont nombreux. C'est le point de ralliement des copains : même génération, mêmes préoccupations.

Ces soirées entre hommes se prolongent toujours dans d'interminables palabres. La politique et l'actualité agitée du Moyen-Orient y sont largement commentées. Chaque soubresaut du pays torturé est ressenti douloureusement par ces adultes dans la force de l'âge. Tous ne partagent pas le même avis. Les confrontations sont parfois violentes. Mais, au-delà de la porte, en fin de soirée les passions s'apaisent.

Ce soir, dans le brouhaha des tablées, Mahmoud se faufile pour gagner le fond de la salle.

Sous la grande glace vissée au mur bleu délavé, un poster de Yasser Arafat coiffé de son légendaire keffieh est scotché. Mahmoud retrouve son petit groupe. Certains jouent aux dominos. Verres de café et de coca-cola se partagent l'essentiel des boissons. La fumée âcre des cigarettes stagne en volutes paresseuses et prend la gorge. Les cendriers débordent de mégots écrasés. Le sol en est jonché. Les clients les plus jeunes sont vêtus pour certains à l'européenne avec jean et T-shirt. Les autres portent la djellaba traditionnelle. Leur point commun reste le port du keffieh.

Les narguilés bouillonnent à chaque aspiration. Les serveurs s'affairent à les entretenir en les rechargeant de chicha aux odeurs fruitées et en charbon de bois. Ils vont et viennent avec un petit seau métallique fumant de braises. A l'aide d'une pincette ils glissent avec précaution le charbon incandescent dans le fourneau de la pipe à eau. Mahmoud adore passer ces instants à téter l'embout du narguilé au tabac parfumé à la pêche et à siroter quelques cafés noirs forts et mousseux. Ses amis élargissent le cercle pour lui faire une place. La discussion reprend. Mahmoud, parmi eux, fait un peu figure de sage. Ils savent qu'il a fait des études en Allemagne et que sa connaissance des courants de la pensée des hommes le prédispose à un certain recul dans l'analyse et l'interprétation des évènements.

Il prend le train en marche en quelque sorte. Il les laisse reprendre la conversation après les avoir tous salués : une poignée ferme puis le geste de poser sa main sur son coeur. Un salut plein de pondération et de respect. Il se tait. Il écoute. Chacun sait que c'est un art. La situation dans la bande de Gaza ne s'améliore pas. Les Israéliens renforcent le blocus. Les magasins se vident. La population souffre d'une pénurie chronique. Le monde se tait.

Comment le monde peut-il se taire ?

Il n'a pas l'excuse de l'ignorance à l'heure des informations satellitaires !

C'est cette indifférence à leur égard qui les hérisse.

Ils ne comprennent pas du tout ce silence d'une planète sur laquelle, à l'heure de la communication, nul ne peut ignorer ce qui se passe.

Des hôpitaux en manque de médicaments, des stations génératrices d'électricité en panne de fuel, des heures d'éclairage comptées, des restrictions de carburant : les rues de Gaza sentent la frite car les moteurs tournent avec une grande part d'huile mêlée à l'essence. Les uns ou les autres ont des parents là-bas. Qu'ils n'ont pas vu depuis si longtemps ! Ils sont inquiets, très inquiets pour la suite des évènements. La situation pourrit de jour en jour. Gaza si près et en même temps si loin…Inaccessible pour eux !

Les forces intégristes s'enrichissent de ce désespoir. Il nourrit les désirs de vengeance. Il ne faut pas réchauffer intempestivement le serpent en l'enfermant dans une boîte. Il devient très dangereux et capable de tout s'il n'a rien à perdre ! De plus, les promesses d'un paradis merveilleux, aux fleuves de miel et aux houris vierges et sensuelles ne sont pas vaines : les plus croyants, réfugiés dans l'espoir que la religion distille, sont prêts à tout, même au sacrifice suprême de leur vie pour y accéder. Le « vent sacré » souffle alors pour les emporter : « Kami-kaze », en japonais.

Mais jusqu'où peut-on supporter l'intolérable ?

Comment lutter efficacement contre une telle situation ?

Tous les avis se trouvent jetés sur la table, en vrac, comme une poignée de cartes. La guerre qui n'en finit plus, les Intifadas, les attentats suicide, manifestation extrême du désespoir ou du fanatisme religieux. L'esplanade des mosquées ne fait-elle pas partie du patrimoine religieux de l'Islam ?

C'est en son nom que le sacrifice de sa propre vie se justifie sur l'autel de Mahomet. Ce dernier ne peut être qu'ému d'une telle marque de foi. Il ne peut qu'accueillir à bras ouverts le brave déchiqueté en Son nom par sa ceinture de dynamite ! Ainsi l'histoire crée-t-elle ses martyrs. Chaque religion a eu les siens à son heure. Mahmoud reste pensif. Il entend cela et pense à Khalil. Chaque guerre a généré ses fanatiques. La religion en est souvent le comburant. Mahmoud, pense à ces paroles d'un poète français :

- « Notre Père qui êtes aux cieux, restez-y… »

- Mais que les Dieux ont été cruels et ingrats envers les hommes !

Ces derniers ont toujours ressenti le besoin de s'en créer pour assumer leur condition de mortels : le mystère de l'au-delà, l'incompréhension ou le fait de ne pas accepter la simple décomposition organique les ont toujours conduits à inventer une suite à cette petite étincelle de hasard qu'est une vie humaine.

L'humain, hermétique à la notion de responsabilité personnelle, recherche un juge immanent capable de peser ses actes, puis de le châtier ou de le récompenser. La perspective d'une vie éternelle qu'il n'a pas, l'a conduit à l'inventer. Le mérite suppose une vie terrestre menée avec les restrictions auto-imposées sous l'égide d'une croyance. La justice immanente divine, consolation des faibles pour supporter les misères du quotidien a toujours été l'argument brandi par les plus forts ou les plus rusés pour contrôler la masse.

Du fait de leur multiplicité, les Dieux, en un sinistre carnaval, s'affrontent par l'intermédiaire de ces pions que sont les hommes : la Foi en un Dieu est redoutable. Elle aveugle, rend sourd, insensible et justifie tous les actes : guerres, massacres, croisades. Elle conforte la bonne conscience de ceux qui les réalisent en Son nom. Ce terrible cercle vicieux préside depuis des millénaires à la destinée des peuples. Mahmoud sait que la Foi est un Mur sur lequel la raison bute toujours, une insurmontable digue à l'intelligence. Elle pétrifie la pensée et édifie une totale incommunicabilité. Il est grand, le mystère de la Foi, mais tellement dangereux s'il est dépourvu de la raison.

Mahmoud, sourd au brouhaha qui l'entoure, taciturne et réfléchi, se dit que si ses pensées étaient lisibles sur son front, par ses voisins enfiévrés, sa tête aurait déjà roulé sous la table et son sang jailli au plafond, comme celui de l'agneau mis à mort rituellement à l'Aïd ! La conversation est très animée. Le nom de Dieu revient souvent dans les propos de ces hommes, tous croyants et tous terriblement malheureux de leur impuissance à lutter. Le djihad à ce jour n'a pu que renforcer l'implantation des juifs sur le sol de Palestine.

Dieu serait-il sourd à leurs prières ?

Serait-il aveugle à ce quotidien pourri qu'ils affrontent de tunnels en check points, d'interdictions en restrictions ? L'été, les citernes confisquées manu militari, les canalisations installées par les associations humanitaires pour ravitailler les villages isolés coupées et vandalisées…

Le ton autour de la table monte avec le degré d'exaspération.

Les visages, rouges, transpirent dans la véhémence de propos subversifs. Mahmoud sait qu'il en est toujours ainsi de ces soirées à tenter de refaire un monde : détruire d'abord, faire table rase de l'intrus, de l'occupant hébreu dont le joug est plus qu'insupportable. Rebâtir, ensuite, un pays à l'image de ses habitants : des bergers et des agriculteurs dépossédés des terres les plus fertiles. Un pays serein et dans lequel il ferait bon vivre au rythme des saisons et dans l'accomplissement de la parole divine. Inch'Allah.

A cette heure avancée de la nuit, au fond du café maure inondé par un chant rythmé d'Oum Kalsoum, le feu des convictions exacerbées crépite et les professions de foi incendiaires éclatent. Les extrémistes se révèlent dans toute leur folie. Ils n'ont pas la chance d'avoir le recul que la vie de Mahmoud lui a conféré. Il a su, à l'Etranger, prendre la mesure de l'importance de ce conflit du Moyen-Orient. Il a réalisé que le retour à la case départ, celle d'un pays unique, était inconcevable. Il fallait tenter de composer avec intelligence pour vivre dans une paix régionale partagée.

« Paix sur la terre aux hommes de bonne volonté » disait le Christ, un prophète d'avant Mahomet !

Jésus de Nazareth, prêcheur de paix, avait été broyé par la politique. Barabbas, le bandit de grand chemin, lui avait été préféré, bénéficiant de la clémence du peuple. Comment raisonner ces hommes que la réalité rend fous et dont les haines sont attisées par les frustrations quotidiennes ?

Ils n'en peuvent plus. Là est leur seule excuse.

Ils sont dans une impasse. Ils s'échauffent mutuellement par une surenchère de propositions meurtrières.

Mahmoud écoute.

Mahmoud a tout à fait conscience que le terrorisme est une industrie fructueuse ayant pour conséquence la rupture de toute tentative de rapprochement des communautés. Il rapporte beaucoup d'argent aux meneurs de jeux. Ces derniers, soutenus par les gouvernements amis ou par les rackets et impôts révolutionnaires des maffias, ont en général des comptes en banques bien alimentés. Le fanion du patriotisme agité sous le nez des plus candides est un levier puissant pour leur faire miroiter la gloire. Celle-ci est éphémère : un martyr chasse l'autre ! Eux-mêmes sont facilement oubliés dès lors que le bonheur ou la paix est revenu ! Comment faire comprendre à ses frères de misère qu'il faut résister en masse, par une persévérante et irréductible présence de ses habitants sur le sol palestinien. Une résistance passive à tous les oukases de l'état hébreux. Non pas tuer ponctuellement, dans un soubresaut de haine, pour enrichir, face à l'opinion mondiale, l'argumentaire d'une loi du Talion pratiquée par les juifs pour justifier leurs incursions punitives. Mais, à l'inverse, s'ériger en une incontournable force tranquille dont l'inertie serait celle d'une indéracinable montagne.

Avec des paroles simples, Mahmoud, calmement, tente de faire passer son message. Sa voix grave et posée a le mérite d'éteindre les éclats verbaux de l'entourage.

Il ne veut pas convaincre.

Il explique son point de vue. Il tente d'être pédagogue. Il ne veut pas non plus se mettre en avant par cette culture qui le distingue de ses amis : lui laisser trop poindre le bout du nez le conduirait à s'exclure du groupe. Ou plutôt à en être rejeté.

Mahmoud sait à quel point la susceptibilité orientale est à fleur de peau. Percevraient-ils un tantinet de supériorité dans le ton de ses propos qu'immédiatement ses compères lui cloueraient le bec. Mahmoud cherche ses mots pour articuler sa pensée. Ses idées vont à contre-courant de celles énoncées par les plus enflammés. Il doit donc les manipuler avec une grande prudence : on ne jongle pas impunément avec des lames de sabres. Et les paroles malencontreuses dans un tel climat de colère peuvent se retourner contre celui qui les profère, le blesser voire le tuer.

Mahmoud, donc, explique : le sang est trop précieux pour couler inconsidérément. Ce n'est pas toujours en faisant couler celui de l'ennemi que l'on gagne. Le paradoxe réside dans le fait que c'est celui qui fait couler le sang qui se déjuge toujours. Avoir le courage par son inertie d'excéder l'opposant pour induire sa réaction brutale d'exaspération, là se trouve l'art machiavélique d'inverser les tendances d'opinions. Laisser l'autre, l'agresseur, montrer sa faiblesse et porter le fer le premier au prix même de sa propre blessure.

Tous dodelinent de la tête, dubitatifs.

Les visages se ferment laissant paraître des traits durcis par d'inébranlables résolutions.

Mahmoud sent qu'il a donné un coup d'épée dans l'eau.

Que l'incompréhension est une épaisse carapace ! Il faut pour la percer la patience d'un frère prêcheur. Mahmoud n'en a pas la vocation. Il exprime simplement le fruit d'une longue réflexion, d'un long chemin mené en lui-même. Il se souvient de cette hargne qui l'habitait il y a quelques années lorsqu'il percevait dans sa chair la désespérance de ses parents réfugiés. Il mesurait leur vie précaire et sans espoir, tirée comme une lourde charge, d'un jour sur l'autre. Il croit aux vertus de la patience et de la persévérance. Gandhi a su prêcher la « non violence ». Il a su faire prévaloir ses idées dans une tourmente similaire à celle dans laquelle Mahmoud est ballotté.

C'est avec un sentiment de lassitude profonde qu'il s'en revient de cette soirée.

Il marche lentement, les mains dans les poches. Il n'a pas envie de fumer sa dernière cigarette de la nuit. Il se sent saturé de tabac, imbibé de son odeur. Ecoeuré presque à vomir. Son estomac est noué.

Est-ce l'abus de piments qu'il adore adjoindre à ses aliments qui semble vouloir lui perforer l'estomac ou l'acidité de la réalité dans laquelle il se débat ?

Jusqu'où donc la violence va-t-elle conduire ?

Vers quels abîmes va-t-elle précipiter cette terre ingrate mais qu'il aime tant ? Le sang des Justes y a beaucoup trop coulé depuis des siècles. Ce sol calcaire l'a bu, sans soif et sans en être fertilisé. L'olivier y croît toujours, indifférent.

Centenaire et noueux il reste le témoin silencieux des querelles des hommes jusqu'au moment où les bombes au phosphore blanc au nom de code insolent de « pluie d'été » l'embrasent. L'avenir ne semble guère propice aux espoirs.

Ah, si les hommes étaient sages !

La vie est tellement courte et pourrait être si belle !

Mahmoud est pourtant convaincu que le seul paradis à espérer est bien sur notre terre.

11-Journal (suite).

Notre marche dans le vieux Jérusalem nous conduit dans le quartier juif : les synagogues laissent apercevoir par leurs fenêtres entrouvertes des réunions de rabbins : chapeau noir et frisottis, autour d'une table sur laquelle la bible trône sur un pupitre. Dans la rue, les adultes ainsi que les enfants sont porteurs de la kippa, du chapeau à bords droits noirs et certains arborent même un couvre-chef de fourrure en forme de toque : un cylindre dépassant de vingt centimètres les bords de la tête. On dirait qu'ils sont coiffés d'un volumineux gâteau en équilibre. Les costumes sont stricts, noirs, tous semblables. Ils doivent transpirer !

Les femmes ont des jupes longues à volants et des chemisiers blancs. Elles semblent sortir d'un film sur le dix-huitième siècle. Une ambiance surannée. On croirait des Amish. Un monde anachronique.

Nous gagnons le Mur des Lamentations, au bout d'une vaste esplanade ensoleillée dont l'accès est étroitement gardé par des soldats armés. Portique de détection de métaux. Hommes et femmes s'y rendent et prient, séparés par une palissade. Du côté femmes, une corbeille de châles est à disposition pour se couvrir, du côté hommes, ce sont des kippas en carton. Les religieux s'inclinent et récitent leurs prières qu'ils associent à des petits papiers pliés insérés avec foi dans les interstices des volumineux blocs constituant les vestiges du temple de Salomon. Lève-t-on les yeux : le dôme des mosquées surplombe ce lieu. Intrication des lieux saints que la foi des uns et des autres revendique aveuglément. Entre le « Mur des lamentations » et le « Mur de la honte » que nous avons vus, je pense que finalement le plus destructeur reste celui de la Foi : inébranlable, inaltérable au temps et tellement meurtrier ! Je reste perplexe devant ces cailloux dont la signification m'échappe de plus en plus et au nom desquels les peuples inféodés à leurs croyances s'étripent allègrement. Je quitte ce lieu passablement dégoûté : comment ces religieux ont-ils pu en s'inclinant devant ce Mur, aller construire l'autre ? Je ne leur trouve aucune excuse !

Le long des remparts que nous longeons, des amoureux se promènent ou sont assis, mélancoliques. En face, le Mont des Oliviers est dégarni : ses flancs nus sont couverts d'un cimetière juif semé de tombeaux de pierre. Dans la déclivité entre les remparts de la vieille ville qui la surplombent d'un côté et les pentes du Mont des Oliviers de l'autre, la vallée du Cédron a oublié qu'y coulait autrefois une rivière. Quelques oliviers tourmentés la colorent en gris vert. Plus loin, à l'est, sur les autres collines, les maisons blanches du reste de la ville s'empilent comme des cubes. Deux églises accrochent l'œil : en fond de vallée, un édifice néoclassique avec colonnes et fronton triangulaire décoré d'une mosaïque dont les ors brillent à cette heure. Plus en arrière, une basilique orthodoxe aux bulbes scintillants noyée dans un bosquet de cyprès. Nos pas nous mènent en fond de vallée et l'on peut voir quelques tombeaux antiques. Ce serait là que le premier martyr Etienne aurait été lapidé. Encore un fou de Dieu !

En contrebas d'une esplanade s'ouvre une autre église que tout d'abord l'on ne distingue pas. Un vendeur de boissons fraîches sur le trottoir voisin nous l'indique comme étant le tombeau de la Vierge Marie. Je reste dubitatif, croyant qu'elle avait fini sa vie à Ephèse. Faisant suite à une entrée sobre, dont les portes métalliques portent des perforations de balles, la semi- obscurité nous absorbe. Une trentaine de marches de pierre usées nous permettent d'accéder au cœur du sanctuaire. Quelques cierges en éclairent la profondeur ainsi que de pâles lampes électriques. Le plafond de la voûte est constellé d'encensoirs en argent suspendus. Près d'une guérite dans laquelle il vend des médailles, un vieux prêtre somnole à la manière des chats, d'un seul œil ! Il surveille.

Derrière l'autel, une petite crypte contient un sarcophage de pierre dans lequel ont été glissés des papiers soigneusement pliés : prières ou ex-voto ? Le silence, les traces de piété naïves et quelques belles icônes à l'effigie d'une Marie au regard bleu, tendre et doux, nous portent au recueillement dans la fraîcheur du lieu avant d'attaquer la grimpette du Mont des Oliviers. Un chemin serpente entre des murs de pierres sèches aveuglants de blancheur sous le soleil. A notre droite, le jardin de Gethsémani avec quelques tombes chrétiennes à l'ombre de grands cyprès.

Plus loin le cimetière juif, fait de rangées ininterrompues de tombeaux, tapisse toute la colline : les pierres tombales ocres sous le soleil descendent en gradins vers le fond de la vallée. Des petits cailloux sur les dalles témoignent des visites assidues de proches du défunt. Il n'y a plus guère d'oliviers sur cette colline pelée réduite à l'état de nécropole. Des corneilles aux plumes luisantes volent, criaillent, se posent sur les tombes et se battent à grands coups d'ailes et de becs. Le sommet de ce mont chauve sur lequel une page de la vie du Christ s'est jouée n'est plus maintenant que le parking d'un hôtel de luxe : « The Seven Arches ». De celui-ci, la vue sur la ville de Jérusalem est belle : entre quelques cyprès au premier plan et sous la branche d'un pin parasol, l'on peut cadrer des photographies panoramiques, en y enchâssant les murailles intactes de ce côté de la vieille ville et le dôme éclatant au soleil couchant de la mosquée d'Al Aqsa, «  la plus lointaine »…

Dans le hall de l'hôtel nous rencontrons l'autre équipe de chirurgie cardiaque en mission à Jérusalem Est : une jeune femme chirurgien d'un hôpital universitaire belge accompagnée de deux infirmières, d'un perfusionniste et d'un médecin anesthésiste.

Les présentations faites, nous allons dîner ensemble en ville : un sympathique restaurant en terrasse sous une treille. Il fait bon ce soir. Notre soif est étanchée avec un demi à la pression d'une bière blonde que même nos amis belges, connaisseurs, ne dénigrent pas. Au-dessus de nos têtes, dans les lampes implantées au milieu des sarments aux larges feuilles, les grappes sont déjà conséquentes. La soirée est agréable : entre mezzés et grillades nous échangeons des informations professionnelles. L'équipe belge en est à son dixième séjour chirurgical. Ils attendent une quinzaine d'enfants de la bande de Gaza pour cette semaine, tous porteurs d'une anomalie congénitale du cœur à réparer. Nous nous quittons en nous souhaitant mutuellement bonne chance.

Notre taxi-bus attend devant le restaurant. Nous voici en route vers Ramallah. Le trajet est complexe si j'en crois les chemins détournés pris par notre chauffeur. Nous finissons par longer le « Mur » : de nuit, cette interminable muraille de béton, éclairée tous les vingt mètres par des projecteurs et ponctuée de miradors, est sinistre.

Une triste vision de la réalité : vue de France, celle-ci n'apparaît pas aussi critique qu'ici. La route arrive enfin au check point : canalisation de la voie pour faire passer une voiture à la fois avec chicane. Barrière. Frise. Lumières crues de projecteurs. Soldats armés, chargeur engagé, en tenue camouflée avec gilets pare-balles. Vient notre tour : à la fenêtre, regards curieux : ils comptent les passagers. Scrutent, attentifs. Prennent les passeports, vont les contrôler dans leur cahute puis viennent les rendre. Nous n'avons pas besoin de descendre. Les soldats intiment au chauffeur l'ordre d'ouvrir la malle. Enfin la barrière se lève et l'on est en Cisjordanie sur la west bank. La route défoncée nous mène à Ramallah. On se sépare. Réveil demain, sept heures, pour une journée à « deux cœurs ».

12-Jérusalem…

Moshé avait achevé ce séjour en Tchéquie avec la douleur silencieuse des plaies rouvertes. Il espérait, lors de ce pèlerinage, se sentir capable d'un retour digne et serein. Myriam, elle, se faisait une joie de cette décision de son mari. Il l'avait prise lui-même. Elle le savait relativement réservé sur cette partie de sa vie. Elle n'en avait découvert l'histoire que par bribes, collectées au fil des ans et recollées comme les pièces d'un patchwork. Sur cette trame un peu lâche planait une ombre dans l'opacité de laquelle elle n'avait pu distinguer la part du chagrin, celle des regrets et de cette dose de culpabilité prégnante qu'il lui semblait percevoir. Avec son intuition et sa sensibilité féminines elle n'avait jamais osé aborder de front cette page du passé de son époux.

Elle l'aimait et cela suffisait !

Elle savait qu'il est des jardins secrets dont le respect de l'intimité est en lui-même un gage d'amour. Patiente, elle se disait qu'à son heure, et quand il se sentirait prêt à lui parler, il lui ouvrirait son coeur et se confierait.

La visite de la capitale de Bohême lui avait révélé le bouleversement de son vieux compagnon, apparu au fil des jours et des visites. Manifestement les souvenirs d'un passé secret ressurgissaient si douloureusement qu'elle croyait bien l'avoir vu pleurer. Une seule petite larme, subrepticement essuyée d'un revers d'index négligent. Sa perspicacité de femme amoureuse la dotait de ce don de double vue qu'ont les pythies. Elle connaissait son homme pour avoir partagé durant tant d'années de vie commune toutes ses émotions. Elle savait sa sensibilité à fleur de peau qu'il cachait sous des airs un peu austères. Son entourage le jugeait volontiers distant et froid s'il n'avait pas percé ce masque derrière lequel il se protégeait.

Le masque s'était à nouveau durci et figé lors des visites du quartier juif et du vieil édifice jouxtant le cimetière. Une synagogue de style roman que sa solide construction de pierre avait prémunie contre l'agression des ans et des hommes. Les salles basses et voûtées avaient pendant des siècles servi aux soins mortuaires des fidèles de la religion de Moïse : dernière toilette rituelle du corps débarrassé de toutes les impuretés terrestres avant d'être enveloppé dans le suaire de drap et d'être enseveli pour se présenter au jugement. Y étaient exposés, dans des vitrines, les suaires, les peignes et les cure ongles en argent ainsi que les livres de prières aux pages racornies.

Un portillon s'ouvrait à l'arrière de l'édifice sur le cimetière, un espace de la taille d'un demi terrain de football, entouré de bâtisses grises des années vingt. Le vieux champ de mort, bien que non utilisé depuis la fin du dix-neuvième avait digéré pendant plusieurs siècles plus de macchabées qu'il n'en pouvait contenir. En attestait cet amoncellement de pierres tombales que les lichens et les mousses avaient couvertes au fil des ans. Certaines fichées de guingois en terre étaient encore lisibles à jour frisant car les caractères en hébreu restaient en ronde bosse. D'autres couchées sur le sol étaient à moitié recouvertes de terre. En cette triste saison qu'est l'automne, les grands arbres dépouillés aux troncs noirs tendaient leurs bras décharnés comme ceux des squelettes…

Moshé eut un frisson qu'il masqua en arguant de la fraîcheur matinale un peu piquante. Son épouse lui prit le bras et l'aida à remonter son col de gabardine et le noeud de son cache-nez.

Le passé l'étreignait en le prenant en traître, par derrière. La lâche attaque du faible qui veut stranguler en empaumant la gorge. Et, gorge sèche et serrée, Moshé se rendit sans vergogne à cet infâme ennemi. Il croyait avoir oublié ce site, ou plutôt l'avoir enfoui dans une de ces oubliettes que les replis de la mémoire ménagent pour épargner le quotidien et le rendre vivable.

…L'hiver était venu avec son intransigeante rigueur. La neige avait tapissé ce cimetière ne laissant que le relief des sépultures. Le champ de mort était presque beau aux yeux des enfants que l'on amenait pour jouer dans les allées. Le miracle de l'enfance, les rassemblant en ce lieu par nécessité, et les conduisant à jouer avec candeur, les rendait indifférents pour un instant aux dures préoccupations des adultes et au lieu dans lequel ils se trouvaient. Ils se retrouvaient dans un monde parallèle à celui d'une réalité qui les menaçait. Ils en étaient les elfes et, les joues rouges autant que le nez, se lançaient dans de bruyantes batailles de boules de neige… C'était le seul endroit du ghetto encerclé et contrôlé par les occupants nazis et la milice tchèque dans lequel les parents pouvaient encore laisser leurs enfants s'ébattre. Et les enfants avaient encore, pour la plupart, leurs parents à cette période de leur histoire…

Moshé se sentit envahi par des clichés que le temps n'avait pas affadis, à la différence des vieilles photographies qui virent au gris dans les albums. Le fixateur cérébral est redoutablement solide, inaltérable aux ans.

Cette période d'un hiver que le destin avait marqué d'une croix avait-elle été longue ou brève ?

Moshé avait du mal à se situer dans le temps… et tant d'hivers, blancs et noirs à la fois, se sont succédés ensuite qu'il était difficile à l'esprit d'un enfant d'en démêler la séquence. Ses parents et ses grands-parents étaient encore en vie, cela il en était sûr, à cette période du cimetière.

Un séculaire cimetière juif devenu cour de récréation…

Mais le pire restait à venir.

L'armée allemande au pas de l'oie faisait claquer ses bottes sur les vieux pavés de Bohême. Une redoutable armée de robots conquérants et destructeurs à la mécanique huilée finissait, à la face du monde, de soumettre la Tchécoslovaquie. Ses lâches alliés restaient silencieux, peuples de pleutres que l'insolence germanique sidérait en les laissant dubitatifs sur l'avenir. Moshé comme ses parents se vit porter une étoile jaune, cousue par sa mère sur ses vêtements. Celle-ci n'avait pour lui, à cet âge, qu'une signification tout à fait floue. Un petit blason, lui avait-on expliqué. Sa vie devait changer cependant durant les mois qui suivirent. Il se vit tenu à l'écart de l'école dans laquelle il avait suivi ses premières années de cours. C'est dans la salle de séjour d'un appartement d'amis de ses parents qu'il se retrouva quotidiennement avec d'autres enfants pour suivre les cours particuliers prodigués par un instituteur israélite lui aussi radié des cadres de l'Education Nationale du fait de sa confession.

L'étau, s'il se resserre lentement, peut laisser l'illusion d'une relative mansuétude de la main qui le manie. La douleur n'en est que plus vive lorsque l'on prend conscience de son inexorable emprise. Moshé avait, avec cette particulière acuité qu'ont les enfants pour percevoir le drame qui transsude du quotidien parental, saisi les préoccupations des adultes. Les grandes personnes de son entourage avaient changé. Elles semblaient soudain infiniment tristes. Leurs sourires s'étaient éteints. Subitement il n'était plus le centre de leur monde.

Celui-ci s'était excentré pour ne plus tourner très rond.

Il le sentait avec inquiétude, surprenant son père et sa mère dans des conciliabules mezzo voce interrompus soudainement à son apparition. Son grand-père habituellement goguenard restait de plus en plus songeur et replié sur lui-même. La connivence qui les liait spontanément jusque-là semblait tout à coup frelatée. Le vieil homme se forçait. L'enfant le ressentait profondément et en souffrait. Il se demandait dans l'obscurité de sa chambre avant de s'endormir ce qu'il avait pu faire pour le peiner. Mais bien vain était cet examen de conscience.

C'était simplement le monde qui, à son insu, basculait…

13-Ramallah…

Mahmoud, dans la semi-obscurité de la chambre, ne trouve pas le sommeil. A ses côtés, Aicha dort tranquillement. Il entend sa respiration régulière et envie cette chance qu'elle a de pouvoir s'abstraire de la réalité en trouvant le repos.

A travers les jalousies filtre la lumière des lampadaires de la rue. Ce ne sont pas encore les premières clartés de l'aube. Le premier appel du muezzin pour la prière du matin a lieu alors qu'il fait encore nuit.

Mais les minarets se taisent.

Ce n'est pas le café qui est responsable de l'insomnie de Mahmoud.

Ce sont les idées.

Les idées qu'il ne peut pas endiguer. A cette heure de silence elles resurgissent en cascade. Elles bouillonnent à grosses bulles, se mélangent, bruissent avec ce murmure des vents du sud dans les palmes.

Il voudrait les dompter, les domestiquer et arriver à saisir la meilleure. Il rêve de pouvoir argumenter et convaincre.

Il a toujours été fasciné par ces jeux de l'esprit.

Même s'il passe ses journées au volant d'un taxi, prix à payer pour vivre en terre palestinïenne, le philosophe en lui vibre toujours. Ses études menées en Allemagne l'avaient captivé. Plus que le charme de Berlin, capitale en reconstruction, c'était la fièvre d'apprendre et la chance qu'il avait eu d'aller à l'Université qui l'avaient séduit. Avec des maîtres intransigeants et cultivés il avait appris l'histoire des grands courants d'idées à travers le monde. Il adorait ses professeurs car il les admirait. Ils lui avaient inculqué un art de l'analyse critique et lui avaient instillé au fil des conversations celui de la rhétorique. Ses ascendances bédouines n'étaient pas pour rien dans ce goût qu'il avait de la palabre.

Il avait tenté de se frayer un chemin parmi toutes les philosophies auxquelles il s'était frotté lors de ses années d'études. Débroussailler le monde des idées est une gageure. Se tailler une piste au sein de la forêt amazonienne à coups de machette reste une bagatelle en regard de cette exubérance intellectuelle née du cerveau humain à défricher.

Dans ce bric-à-brac d'idées auxquelles il s'était confronté, il recherchait toujours celle qui, pour son pays, aurait pu le guider vers une voie de salut.

Il les prenait et les manipulait avec la douceur et le doigté d'un joueur de Mikado. Ne pas les effrayer, les amadouer, les apprivoiser, les soupeser… Les rejeter ensuite afin d'en conquérir d'autres.

Nostalgique d'un temps révolu, il se souvint de ses promenades dans la banlieue de Berlin, lors des journées d'hiver transparentes d'un gel ambiant, éclatantes des réverbérations de la neige.

De longues marches dominicales au bord du « Wannsee » dont les eaux étaient prises par la glace. Les poumons pleins de cette froidure qu'il réchauffait à grandes inspirations de tabac, il aimait se remémorer ses conquêtes de la semaine. Tenter de ranger dans sa tête ces concepts, ces thèses et propositions, ces conjectures que la lecture lui avait révélés. Faire siennes, enfin, d'éventuelles pensées qu'il avait passées au crible de son intelligence.

Il était cartésien.

…Ce lac gelé dont l'étendue se perdait sur l'horizon brumeux le laissait rêveur : il lui rappelait les photographies d'hiver du lac de Walden qu'il avait pu voir sur la couverture d'un ouvrage du même nom. Il avait dévoré « Walden » ce livre de David Henry Thoreau. « Walden », le nom d'un grand lac, comme le Wannsee, de l'autre côté de l'Atlantique, dans cette Amérique aveugle et tellement pro-israélienne.

La lecture de « Walden » lui avait fait connaître ce personnage attachant, humaniste original et courageux dont les actes étaient en rapport direct avec les écrits : peu d'auteurs en effet sont capables d'aller au bout de leurs idéologies en y impliquant leur propre vie. La réflexion de Mahmoud avait un but : la recherche d'une vérité pouvant le guider vers des actes politiques destinés à tenter de sauvegarder son pays, celui de ses ancêtres et des enfants qu'à l'époque de ses études il n'imaginait pas encore avoir. Quelques daguerréotypes de son philosophe fétiche lui avaient révélé un visage austère affublé d'un long nez disgracieux et d'une barbe à la Lincoln. Né au début du dix-neuvième siècle à Concord, en Nouvelle Angleterre, David Henry étudia à l'université d'Harvard. Elève d'Emerson il fut séduit par l'approche transcendentaliste de la quête d'un état spirituel idéal guidée par l'intuition personnelle. Edifiant alors sa propre philosophie sur ces bases il l'appliqua. Il refusa de payer les cinq dollars demandés pour la remise de son diplôme, affirmant ses convictions par un discours contre la société. N'admettant pas les châtiments corporels sur les enfants il démissionna de l'école où il enseignait, pour fonder avec son frère sa propre institution. A la mort de ce dernier, il s'engagea comme précepteur des enfants du frère d'Emerson. Plus tard, à la tête de la fabrique familiale de crayons, il mit au point une encre de typographie. Favorisée par l'inhalation de poussière de carbone la tuberculose pulmonaire l'emporta. Mahmoud s'était surtout attaché au côté romantique du personnage qui avait décidé de faire un break dans son activité pour s'offrir le temps de prendre le rythme de la nature, de réfléchir et d'écrire.

Au bord du lac de Walden, Thoreau, un tantinet rousseauiste, avait vécu deux années dans une cabane en pin. Immergé en pleine nature il y structura ses réflexions critiques à l'égard de la fausse morale capitaliste.

Mahmoud, à travers les écrits et les actes de cet humaniste, avait découvert aussi un courageux anti-esclavagiste favorisant la fuite des esclaves marrons vers la liberté. Il avait été séduit par son engagement l'ayant conduit en prison : désavouant la guerre du Mexique, David Henry avait refusé de participer à son financement en ne payant pas un arriéré d'impôt. Ce refus le conduisit à expliquer ses idées dans un opuscule que Mahmoud avait eu longtemps sur sa table de nuit : un paquet de feuilles téléchargées et agrafées qu'avait craché à grand bruit sa vieille imprimante.

Un traité intitulé « la désobéissance civile » (Civil desobedience).

Il avait lu et relu ce petit ouvrage subversif : la résistance non violente d'un peuple ne pouvait-elle pas contraindre la politique d'un gouvernement ?

Le germe de cette idée avait fait son chemin dans la pensée de Mahmoud qui finissait par entrevoir une voie possible de contestation pacifique. Ce personnage de Thoreau restait pour lui aussi cher qu'un camarade, un aîné, qu'il aurait voulu connaître : ne lui avait-il pas ouvert les yeux sur une approche sage de la vie ?

Pour conserver sa dignité l'homme sans compromis se devait de n'être ni la particule élémentaire d'une collectivité communiste, ni le combattant forcené individuel dans une jungle capitaliste. La vie pour Thoreau était une chance à utiliser intelligemment pour jouir des beautés du monde et des créations de l'esprit. Une vie qu'il quitta à seulement quarante-quatre ans.

Mahmoud s'est levé sans bruit pour feuilleter ses livres et ses notes. Ils ne lui servent plus depuis qu'il est revenu dans son pays, rangés dans deux sacs de voyage aux fermetures éclair cassées, au fond d'un placard. Il y tient et ne s'en est jamais séparé. Il ose espérer qu'un jour un emploi d'enseignant lui sera peut-être attribué à Ramallah ou dans une autre ville. Il sait qu'alors il se plongera de nouveau dans tous ces textes qui lui sont chers. Il serait plus utile aux enfants de Palestine que comme chauffeur de taxi. Les compétences sont au second plan dans un pays sous- développé. Il lui est aussi nécessaire de travailler pour pouvoir subvenir aux besoins de sa famille.

Comme Thoreau, il se dit que la patience est une vertu, et que le temps viendra peut-être de réaliser ses rêves de pédagogue.

La « non violence » lui paraît être l'arme de la raison seule capable de déminer un tel conflit.

14-Journal (Suite)

Dans la chambre d'hôtel confortable et calme la nuit s'est passée agréablement, un sommeil réparateur m'ayant saisi immédiatement. Je suis plus rassuré sur la mission. Ayant pris mes marques au sein de l'hôpital, une partie du stress est diluée par la réalité. L'équipe, le bloc, les malades, les soins intensifs… Je sais enfin où je mets les pieds.

Ayant dormi comme une souche je ne me suis éveillé qu'au petit matin. Le muezzin appelait à la première prière. Les mosquées aux minarets illuminés de vert étaient encore allumées. Je me suis levé. Dans un frisson, par la fenêtre entrouverte j'ai respiré l'air froid du petit matin. Un rossignol, si j'en crois ses trilles savants, a chanté, éveillé lui aussi par l'appel. L'Orient s'est petit à petit éclairci.

Le ciel s'est teinté de rouge puis d'orange.

Il était limpide. Les dernières étoiles s'y accrochaient encore mais le premier rayon du soleil les a éteintes. Je réalisais que j'étais sur cette terre de Palestine déchirée dont tant de fois radios et télévisions nous montraient les souffrances. Une terre profondément labourée par les passions humaines : c'est sans aucun a priori que je m'étais promis de venir voir, sans juger. Rendre un peu service, cela reste, pour moi, le but de ce que certains nomment « l'action humanitaire ». Une action souvent galvaudée car utilisée à des fins personnelles tant pour se goberger dans des 4x4 flambant neufs aux sigles d'associations bien connues, éclaboussant les pauvres bougres qui en sont la justification et qui pourraient vivre plusieurs vies avec le prix d'un seul de ces véhicules, que pour s'en servir comme tremplins politiques ou médiatiques. Les exemples ne manquent pas.

Ici, nous venons modestement opérer ceux que le hasard de leur naissance a placé dans une zone défavorisée du globe. Mon métier me permet de leur rendre le service d'un geste thérapeutique auquel ils n'auraient pas pu prétendre. Inversement, ils me donnent une chance insigne : celle de pouvoir les rencontrer !

Cet échange est le révélateur de ces missions à travers le monde. Egoïstement, à mon tour je m'enrichis infiniment de ce que ces gens m'apportent au plan personnel. Je leur sais gré de leur accueil, de leur gentillesse et de la reconnaissance qu'ils expriment parfois.

Je n'ai plus sommeil. Une bonne douche est revigorante. En forme pour attaquer la journée !

Au restaurant je retrouve mes amis pour le petit déjeuner. Le buffet est mixte mais je préfère la confiture sur le pain à la purée de pois chiches et aux poivrons frits. Je monte chercher ma mallette dans laquelle je trimbale toujours mon casque avec loupes grossissantes pour la microchirurgie des coronaires.

Nous attendons notre voiture, au soleil, assis sur le trottoir. Il fait bien meilleur qu'en France. Pas de taxi aujourd'hui mais une ambulance ponctuelle arborant le croissant rouge nous embarque pour l'hosto. Deux malades à opérer du cœur ce jour ! Le docteur E. les a convoqués : nous organisons ainsi jour après jour le tableau opératoire de la semaine.

Nous franchissons l'entrée du service à huit heures pour gagner le bloc opératoire. Sur un brancard, notre premier patient prémédiqué somnole calmement : un septuagénaire grisonnant au teint hâlé des hommes habitués à vivre en plein air. Le chef de bloc me dit qu'il s'agit d'un berger de son village. Les brancardiers le transportent dans la salle d'opération. Jeanne le prend en charge avec ses collègues de Ramallah pour le « techniquer » : mise en place des cathéters artériels et veineux, intubation des voies aériennes, sondage urinaire. La préparation rituelle du sacrifice chirurgical !

Nous avons été installés dans la suite privée des VIP jouxtant le bloc : feu Yasser y avait séjourné avant son transfert en France. Ce sera notre point de repli, calme, agréable et relativement propre. Des WC dignes de ce nom nécessitant cependant quelques brocs d'eau en guise de chasse d'eau et un coin pour se faire du thé ou du café. C'est là qu'entre deux patients nous nous restaurons de galettes fourrées arrosées de Coca-cola. Des pyjamas propres nous y attendent : verts marqués du croissant rouge. Ainsi déguisés, nous prenons possession du bloc.

Un nouveau venu fait son apparition : trapu, un peu obèse il se présente comme étant un chirurgien cardiaque. Dans un anglais roulant les « r » comme un gascon il nous dit s'appeler Saad…

-Comme le « marquis », nous dit-il !

Il fait état d'une formation russe. Il veut m'aider et me demande de lui laisser opérer le malade. Son insistance est gênante. L'interne du service me prévient qu'il ne connaît pas cet homme. Il semble qu'il soit là pour être évalué. Je lui explique posément que je ne suis pas chargé d'évaluation. Mon rôle est d'opérer les malades qui me sont confiés par l'Association. Le bonhomme, têtu, m'offre un café et, s'asseyant à côté de moi, multiplie ses suppliques. Il est terriblement enquiquinant. Je lui oppose d'abord un refus courtois puis suis finalement obligé de lui mettre les points sur les « i » : je disséquerai moi-même les greffons artériels pour les pontages. Je ne peux faire perdre une chance au malade. Il ne veut rien comprendre. Je n'ai pas l'habitude d'être désagréable mais il me pousse à bout : je clos la discussion en lui disant que non c'est non ! Il reviendra à la charge durant tout notre séjour. J'en suis gêné pour lui.

Il fait chaud. La climatisation reste médiocre. C'est épuisant.

La salle d'opération est petite pour l'ensemble du matériel : les mouvements sont entravés avec un haut risque de fautes d'asepsie. Notre bon «marquis de Sade» est aux aguets pour se jeter sur sa proie : il veut à tout prix tailler avec plus que de la gourmandise : il est frénétique ! Il se lave à toute allure pour prendre les devants. Badigeonne le malade à grandes éclaboussures, agrafe les champs stériles de tissu avec hargne et se jette littéralement sur le bistouri pour taillader la poitrine. Il transpire à grosses gouttes et se fait essuyer le front par une panseuse. La scie vrombit : il soulève presque le malade en lui fendant le sternum verticalement. Jeanne et Marie me regardent avec circonspection. Leurs yeux au-dessus des masques marquent un vif étonnement à cette agitation qui confine à l'état de transe. Je dois, après m'être savonné les mains à mon tour, reprendre les outils et lui expliquer qu'il lui faut un peu de retenue. Dissection de l'artère thoracique destinée à faire le pontage : le bistouri électrique est bon mais la lumière du scialytique laisse à désirer. L'artère prête gicle de façon satisfaisante. Pour économiser le circuit jetable et coûteux de circulation extracorporelle je décide de faire le geste opératoire à cœur battant, sans l'arrêter. L'anesthésiste est attentive à toute manipulation du cœur. Je mobilise l'organe en douceur, l'œil sur les courbes du moniteur de pression pour apprécier sa tolérance. Mon aide transpire de plus belle. Je crains que les gouttes de sueur ne tombent dans le thorax du malade. Le poste à transistor s'égosille avec les lamentations ondulantes d'une intarissable chanteuse orientale. Les panseuses fredonnent l'air : ce doit être un tube ici ! On ne s'entend plus. Pas de danse du ventre, hélas ! De toute façon, guindées dans leurs chemises de nuit et leurs voiles elles ne seraient guère excitantes. Le dispositif destiné à stabiliser la zone du cœur sur laquelle nous allons greffer l'artère est théoriquement un dispositif jetable : ici, il est précieux ! Stérilisé à plusieurs reprises, ses connections sur la prise de vide ont été bricolées afin d'en assurer l'étanchéité. Les sutures vasculaires sont confectionnées avec une bonne tolérance du cœur que je repose au fond du thorax : le petit moteur s'est bien comporté et semble content d'être revascularisé. Bien qu'il n'y ait pas d'équipe de « cardiaque » à temps plein, je me rends compte qu'il existe un incontestable savoir-faire : chaque personne connaît son rôle.

Le premier « cœur » de la série va bien. Ouf ! Nous l'accompagnons : une procession autour du lit roulant jusqu'aux Soins Intensifs. Traversée de couloirs encombrés de familles. Tous nous regardent passer en s'écartant, curieux et silencieux.

Le déjeuner casse-croûte nous attend dans notre suite VIP. Notre « marquis » ne mange pas, il dévore, il bouffe ! Un véritable aspirateur, la voracité d'un concasseur, le bruit d'un sani-broyeur. Une vision édifiante sur la mastication du bol alimentaire à travers des lèvres grasses et dégoulinantes. Et attention aux éclaboussures ! Un être charmant. De quoi couper l'appétit au plus féroce cannibale.

Mais le temps passe. Nous devons reprendre le programme. Jeanne et Marie repartent en salle d'op pour préparer le malade suivant. Notre «marquis » ne voulant rien rater leur emboîte le pas. Lui non plus ne semble pas indifférent à mes deux assistantes si j'en crois son regard inquisiteur et gourmand. Un ogre !

Le jeune assistant, brun au regard noir intelligent, reste avec moi. Agé de vingt-huit ans il n'a été formé qu'en Palestine. Il me confesse qu'il aimerait bien pouvoir aller se perfectionner à l'Etranger en chirurgie cardiaque pour revenir travailler sur le sol palestinien. Les demandes successives de passeport et d'autorisation de sortie lui sont systématiquement refusées par Israël. Marié, il a un enfant. Habitant dans une ville à vingt kilomètres de Ramallah, il doit faire plus d'une heure de route chaque jour avec maints détours pour contourner les colonies juives et se rendre à son travail.

En Palestine, sur la « west-bank », la ligne droite n'est plus le plus court chemin d'un point à un autre ! Le hasard des check points ouverts ou fermés rend aléatoire les prévisions d'horaire et incertaines les voies de circulation. Les bonnes routes utilisées par les israéliens sont interdites aux palestiniens. Cela s'appelle l' « Apartheid ».

15-Jérusalem…

L'enfance de Moshé reste sa mutilation secrète.

Il en souffre toujours. Des cauchemars récurrents le prennent en traître dans l'innocence de son sommeil. Le vieil homme porte en lui une bien trop lourde page de l'Histoire. Aucune âme compatissante ne peut l'assister pour le soulager de cette croix posée par le destin sur ses épaules, malgré lui. On ne se trouve pas toujours un Simon de Cyrène pour partager les fardeaux les plus intimes ! On ne choisit pas forcément mais on subit jusqu'à un certain point. Mais toujours seul ! Il est des déferlantes face auxquelles le meilleur nageur ne peut résister. Le tourbillon de la vie lui a volé son enfance. Ce n'est qu'après la tempête, laissé éreinté parmi les décombres de son univers que Moshé a pu comprendre ce qui lui était arrivé : dans quel maelström les délires des hommes l'avaient propulsé.

…Petit bonhomme de huit ans il s'était trouvé avec sa famille, un matin de novembre, sur le trottoir humide d'une place, à deux pas de son domicile. Tous les voisins du quartier étaient là aussi pour cette étrange réunion : un insolite rendez-vous préparé à la hâte, la veille. L'ordre était impératif : tous les habitants jeunes ou vieux, valides ou non devaient s'y rendre. Les occupants nazis avaient déjà encerclé le ghetto bouclé depuis plusieurs jours d'un cordon de sécurité. Ses parents, fiévreux, bien que voulant lui cacher leur angoisse avaient remonté de la cave de vieilles valises méthodiquement remplies du nécessaire.

Mais pour quelle destination ?

Ils avaient dit à Moshé qu'il était question de déménager pour quelque temps. Moshé avait comme eux pris son petit paquetage avec quelques jouets : un petit camion en fer blanc et deux soldats de plomb. C'est tout ce que sa maman lui avait autorisé, en complément des vêtements et des quelques objets indispensables pour une absence qui aurait pu être longue. Moshé était inquiet : il avait vu pleurer sa mère lorsqu'elle triait quelques photographies et hésitait pour choisir quels souvenirs les moins encombrants possibles emporter. Une valise par personne, pas plus de cinquante kilos. Telle était la consigne imposée pour ce voyage vers nulle part. Son père avait ficelé les impedimenta afin d'en renforcer la solidité. Chacun des adultes avait à cœur de masquer son angoisse et sa tristesse devant lui. Moshé, envoyé dans son lit, avait perçu pour la première fois de sa courte vie cet indicible malaise précédant les drames. L'agitation dans la maison avait duré toute la nuit avec des conversations à voix basse. Dans le noir, l'enfant, les yeux ouverts, ne trouvait pas le sommeil. La tension était presque tangible, tant épaisse était sa densité silencieuse, lisible sur tous les visages, dans les regards perdus, les traits tirés, la pâleur et la fatigue de chacun. Il sentait confusément sa vie sortir des rails de son quotidien. Cet inexorable déraillement lui semblait incompréhensible. Il en mesurait inconsciemment le poids infléchissant son destin.

Dans cette rue sans soleil, dans la froidure humide enveloppant Prague ce matin-là, les silhouettes fantomatiques aux visages défaits attendaient, silencieuses. Une expectative mitigée les étreignait : de nombreux bruits avaient couru quant à la destination. Une rumeur avait parcouru le ghetto : il serait question de rassembler les juifs afin de leur donner des possibilités d'autogestion : une commune à eux ?

L'espoir insensé d'un pays peut-être ?

Le doute subsistait dans les esprits torturés par les évènements récents. La crainte d'un leurre et d'une déportation pure et simple restait gravée dans les esprits. Tous sentaient leur avenir et leur individualité leur échapper : ils devenaient une collectivité manipulée par les autorités du troisième Reich. Même les enfants, ce jour-là, étaient anormalement sages, sans cette agitation habituelle accompagnant l'imprévu. Ils restaient sidérés par cette ambiance engluant la scène et déconcertés par la passivité inquiète de leurs parents. Les enfants ont un troisième sens pour, au-delà de la compréhension logique, percevoir les tensions anormales et sentir la peur. Un vestige peut-être de l'instinct animal de conservation. Un néfaste pressentiment. Ils étaient malgré eux les acteurs d'une tragédie dont le sens leur échappait.

Moshé revoit cette file de camions militaires bâchés aux veilleuses allumées dont les moteurs ronflaient. La fumée des gaz d'échappement enveloppait cette horde de fauves en empuantissant l'atmosphère. Le convoi patient attendait son chargement humain. Les chauffeurs allemands en uniformes restaient impassibles à leur volant. Le quartier était encerclé depuis la fin de la nuit par une troupe mitraillette au poing. Un officier, raide comme un manche à balai, aux bottes rutilantes et aux gestes secs descendit d'une Mercedes noire. Son ordonnance, avec une courbette servile, lui ouvrit la portière.

L'homme sortit d'une serviette en cuir une liasse de papier typographiée. Il se mit à aboyer avec un ton guttural et en les déformant la liste des noms et prénoms des familles convoquées.

Celles-ci se virent intimer l'ordre de monter dans les véhicules à l'énoncé de leur nom. Moshé se remémore cette litanie dans laquelle il reconnaissait le nom de ses voisins. Lui-même et ses parents sursautèrent en entendant le leur : ils s'avancèrent. Chacun à son tour se hissa avec difficulté en s'accrochant aux ridelles sur la plate-forme des camions. Les bagages furent passés à ceux qui étaient déjà installés. Ils prirent place sur les bancs de bois, en rang d'oignons : un entassement d'humains et de baluchons. Cette rafle ne dura pas plus de deux heures. Le convoi au complet s'ébranla lentement sur un signal de l'officier dans un tohu-bohu d'accélérations rageuses. Chacun se cramponna comme il put afin d'éviter de tomber sur son voisin. La lente traversée de la ville quasiment désertée des passants avait quelque chose d'un cortège funèbre. Ils passèrent devant la synagogue hispano-mauresque dont les portes étaient barrées pour s'engager sur la place de l'Hôtel de Ville : l'horloge astronomique marquait huit heures passées. Les jacquemarts les regardèrent avec l'indifférence insolente des choses pluriséculaires pour l'éphémère destin des hommes. La Vltava fumait dans les brouillards du matin. Les statues baroques du pont Charles aux silhouettes noires étaient autant de sinistres spectres.

Auguraient-ils d'une prochaine antichambre de l'enfer ?

C'est ce que chacun se demandait, assailli par le doute. Les parents de Moshé restaient dignes. Ils affectaient un calme contenu afin de ne pas inquiéter leur fils. Ils lui avaient parlé d'un « petit voyage », rien de plus. Peut-être quelques semaines ? Ils se voulaient rassurants mais la tonalité de leurs propos sonnait faux aux oreilles de l'enfant qui, à l'insu des adultes oublieux de leur propre enfance, sont doués d'une perspicacité incisive.

La colonne de camions, lente chenille processionnaire, se déroula dans les ruelles de la rive gauche pour commencer son ascension vers le quartier le plus récent : celui des bâtiments de béton de l'ère industrielle. Ils s'arrêtèrent dans un concert déchirant de grincements de freins devant un grand immeuble bien connu des Praguois : un des premiers centres commerciaux. Sur plusieurs étages, des magasins étaient consacrés aux filiales des grandes marques européennes, à des cinémas et des restaurants. La guerre et l'invasion allemande de la Tchécoslovaquie avaient détruit toute la dynamique commerciale du pays. L'industrie restante, annexée, était inféodée aux nécessités de l'armée conquérante. Skoda fabriquait des panzers ! Cette grande bâtisse vidée de ses occupants servait de centre de regroupement des juifs de la région.

Descendant de leur camion, les déportés du ghetto ce matin-là rejoignirent la foule déjà dense de leurs coreligionnaires porteurs de l'étoile jaune. Une longue file s'était établie devant une série de bureaux. L'enregistrement commença : des heures durant, debout et dans le froid de la rue, sous bonne garde, les voyageurs durent patienter en attendant leur tour. La journée avançait. A l'instar des autres familles, la maman de Moshé distribua une petite collation qu'elle extirpa d'un cabas : elle avait tout prévu ! Ce fut enfin à leur tour de se conformer aux formalités : leurs noms furent couchés sur les registres du Reich toujours admirablement tenus. Ils se virent attribuer un matricule, comme des objets, perdant alors toute existence individuelle.

Une fois franchi le seuil de cette prison de civils, ils se trouvèrent mêlés aux premiers arrivants : une foule compacte, hétérogène et fatiguée campait à même le sol, chacun ayant tenté de délimiter un modeste fief pour ses proches.

Il régnait une forte odeur et une chaleur animale épaisse liée à la promiscuité dans cette immense salle surpeuplée. Blanche et au bord du malaise la maman de Moshé vint s'asseoir dans un recoin encore libre. Elle s'aéra avec un mouchoir agité devant son visage. Le père de Moshé s'en alla quérir un peu d'eau. Avec patience il prit la file menant à l'unique robinet. Ils dînèrent de pain tartiné de margarine et de quelques pommes de terre froides. Le sommeil délivra Moshé du purgatoire dans lequel il avait été projeté : épuisé il ne se rendit même pas compte de l'inconfort lié à la dureté du sol que n'atténuaient pas les couvertures. Sa tête reposait sur les cuisses de sa mère qui, elle, ne put fermer l'œil de la nuit. Ses parents silencieux se regardaient désespérément, conscients que leur destin leur avait à tout jamais échappé.

Après quelques jours de survie dans cet infâme local, l'appel aboyé reprit. La famille de Moshé à l'énoncé de son nom se rendit dans une autre salle pour y subir un contrôle supplémentaire et y apprendre son affectation : ce serait Terezin, en allemand Theresienstadt, la ville de Thérèse. Ce nom courut de bouche en bouche, comme une traînée de poudre dans la foule rassemblée. Un vent d'espoir raviva les regards. Cette destination potentielle redonnait un semblant de cohérence à cette déportation que chacun envisageait comme étant probablement temporaire.

Ne s'agissait-il que d'un transfert momentané pour évacuer la ville ?

Voulait-on protéger la population d'une menace sur la cité ?

De toute façon l'heure n'était plus à la révolte, il était bien trop tard.

16-Ramallah…

Songeur, Mahmoud regarde les volutes de fumée bleutées de son narguilé se dérouler lentement. Il est allongé sur les coussins. La porte du balcon est largement ouverte sur une lune en croissant accrochée dans un ciel d'encre semé d'étoiles.

Il se sent imprégné d'une nostalgie du passé. Lors de son séjour à l'Etranger il avait découvert la vie en Europe. Une approche difficile pour un Oriental un peu marginalisé dans une société conservatrice, méfiante à l'égard des « arabes ». Mais le cosmopolitisme des cités universitaires l'avait conduit à la rencontre de jeunes de tous les horizons. Ceux-ci, moins sujets aux a priori, sont plus souvent réceptifs à la découverte de l'autre.

Il avait ainsi confronté ses idées préconçues du monde avec non seulement celles des philosophes étudiés mais aussi celles de ses contemporains. Il s'était rendu compte que politiques et philosophies étaient parfois inconciliables et que la rigueur des secondes s'accommodait mal de l'hypocrisie des premières.

Il était conscient de l'impasse dans laquelle se trouvait son peuple et tentait d'appréhender les multiples facettes d'une histoire récente qu'il n'avait pas connue mais dont la résultante avait été la création de l'état d'Israël enchâssé dans son propre pays : les coins métalliques frappés avec la puissance d'une masse font éclater les chênes les plus solides et les plus secs.

La dernière guerre mondiale, lui semblait-il, marquée par le génocide du peuple juif s'était achevée sur l'émergence d'une mauvaise conscience de la communauté internationale.

La Croix Rouge n'avait-elle pas été dès mille neuf cent quarante-deux au courant des camps de concentration auxquels elle envoyait des colis ?

Ses délégués n'avaient-ils pas visité certains d'entre eux en se faisant jeter de la poudre aux yeux ?

Certes l'Occident luttait pour sa propre liberté mais pouvait-il justifier son ignorance de ce qui se passait dans les camps d'extermination ?

Les revendications sionistes amplifiées par ces consciences pas très claires, autant des Allemands que des Alliés vainqueurs, avaient porté leurs fruits après bien des péripéties.

L'Organisation des Nations Unies s'était emparée du problème. Une commission destinée à l'évaluation des territoires de la future nation avait unilatéralement et arbitrairement tracé dans la Palestine une « ligne verte » de délimitation. Cette découpe à larges coups de ciseau dans le sol de son pays l'avait amputé de cinquante-cinq pourcents de sa surface et pas des moindres parcelles : le croissant fertile le long de la mer et l'attribution d'un port sur la Mer Rouge. Une telle proposition semblant recevable à la Communauté Internationale avait été mise aux scrutins. Les votes itératifs sur la création d'un Etat d'Israël, initialement non concluants, furent répétés avec obstination jusqu'à l'obtention de la majorité. Les pressions souterraines de l'oncle Sam par chantages militaires et économiques sur les pays faibles comme le Liberia ou à mauvaise conscience comme la France les avaient conduits à changer d'opinion par nécessité. Ainsi la balance avait-elle basculé !

Mahmoud ne comprend pas cette conjuration mondiale à l'égard de son peuple dépossédé au nom d'un crime de guerre et contre l'humanité vis-à-vis duquel il n'avait aucune responsabilité et n'était en rien concerné.

A ses yeux, la création d'un tel pays ne se justifiait pas. La Ville Sainte et la terre palestinienne ne restaient-elles pas précieuses aux trois religions monothéistes du bassin méditerranéen ?

Pourquoi l'attribuer aux juifs en en dépossédant ses occupants?

Du temps des califes, la tolérance était telle que toutes les communautés s'y côtoyaient avec une relative bienveillance. Il avait fallu l'abject motif de la conquête du Saint Sépulcre pour que le pape envoie la horde des croisés d'Occident en Terre Sainte.

Mahmoud inspire lentement. La braise de charbon de bois s'illumine. Le ventre de sa pipe à eau gargouille à grosses bulles dans le réservoir de verre décoré de peinture vive. Le tombac rougit et devient incandescent. Il flotte une odeur de pomme verte.

Il est bien loin, Mahmoud, de ses années passées à Berlin.

La réalité de son quotidien difficile, cerné par ce Mur de béton ficelé de barbelé, l'interpelle.

Faut-il subir ou réagir ?

Faut-il tenter d'harmoniser le futur en unissant les destins des deux nations dont la présence reste un état de fait ou nier la présence de l'état juif en continuant de lutter, et à quel prix pour les deux communautés ? Mais d'abord l'égalité des droits !

… Berlin !

Une époque révolue pour Mahmoud, durant laquelle tout semblait possible ! Ses diplômes lui auraient valu un poste d'assistant à la faculté. Il aurait continué dans le luxe relatif d'une société développée à manipuler des idées, à ratiociner sur des textes ambigus, à commenter et disséquer des théories en tout genre sur le monde physique et métaphysique. Il aimait cela. Il ne s'en était pas senti capable devant les avanies que subissait son peuple. Il avait décidé d'être là-bas, à Ramallah, avec ses compatriotes pour partager leur quotidien et tenter de réfléchir à une solution de paix.

… Berlin !

Ses banlieues le dimanche…Bien qu'il ait tourné la page une fois pour toutes, sa nostalgie venait parfois l'étreindre. Postdam ! Les balades au bord du Wannsee sous la neige et cette sérénité d'une époque insouciante !

Wannsee l'hiver !

…Mahmoud, étudiant, marche lentement sur les berges du lac. L'empreinte de ses pas dans la neige vierge, trace éphémère de ce promeneur solitaire, s'égrène comme un chapelet. Son haleine tiède à chaque expiration se condense en un petit nuage. Pour une fois, il ne fume pas !

Il songe aux drames dont fut témoin ce site bucolique.

Le macabre rendez-vous de Heinrich von Kleist, écrivain mélancolique avec Henriette Vogel, sa maîtresse musicienne, atteinte d'un cancer à laquelle il avait dédicacé ses « litanies de la mort ». Dans une auberge, un soir de novembre, ils exécutèrent leur sinistre pacte : d'une balle il la tua puis retourna le révolver contre lui-même.

Trop d'amour ?

Trop de détresse ?

Trop de compassion ?

Mahmoud ne comprend pas un tel geste. Par association d'idées, il repense à la mort de Zweig, en février mille neuf cent quarante-deux, dans son exil brésilien, se suicidant avec sa femme d'une overdose d'hypnotiques : un désir partagé de quitter une vie saccagée par la guerre : «…le monde de mon langage a disparu pour moi et ma patrie spirituelle, l'Europe, s'est détruite elle-même. Je salue tous mes amis. Puissent-ils voir encore l'aurore après la longue nuit ! Moi je suis trop impatient, je pars avant eux ». Ces derniers mots d'‘adieu lui reviennent en mémoire. De ce conflit mondial Mahmoud et son peuple subissent encore la déflagration. Il se dit qu'il faut s'adapter et faire face dignement, ne pas déserter.

Ses marches dominicales solitaires au bord du Wannsee l'avaient conduit à passer devant un pavillon bourgeois à perron néo-classique aux colonnes massives, bâti avant la première guerre mondiale. Le large portail de cette résidence palladienne de luxe s'ouvrait au 56-58 de l'avenue « Am grossen Wannsee ».

C'était la villa Marlier.

Mahmoud en connaissait l'histoire.

C'est dans le secret de ses murs, à la façon d'une balle de billard réfléchie au fil des bandes de caoutchouc dans un trajet complexe mais inexorable et mathématique que s'était joué le destin de son pays.

Hasard ou prédestination ?

Sans la Shoah il est sûr que, malgré les promesses succinctes de la déclaration Balfour, la création de l'état d'Israël ne se serait peut-être pas faite de cette façon !

Acquise par la « SS » en mille neuf cent quarante, cette villa Marlier était un lieu de réunion. Mahmoud s'était plongé avec curiosité dans les archives de cette période troublée tentant de suivre le fil conducteur menant à la situation actuelle de son pays. Il croyait bien avoir mis le doigt sur le « primum movens », l'évènement premier dont l'horreur aux yeux du monde avait justifié le don de ce territoire de Palestine à la population juive pour créer Israël.

De causes en conséquences les réactions en chaîne parfois imprévisibles et toujours incontrôlables à l'apprenti sorcier peuvent être aussi dangereuses qu'une explosion nucléaire générant une onde de choc répercutée dans le temps,.

Le destin des peuples juif et palestinien s'est vu indéfectiblement lié et infléchi un jour d'hiver de mille neuf cent quarante-deux : le vingt janvier de cette année-là ! Dans cette villa Marlier !

Fermant les yeux, Mahmoud, au cœur de sa Palestine mutilée, en l'an deux mille huit, mesure l'étendue du désastre. Vingt janvier de l'année mille neuf cent quarante-deux : une date éloignée de celle de sa naissance !

Un mois avant le suicide d'un Zweig écœuré par l'humanité en feu !

Mahmoud imagine un jour de soleil glacial et sec comme Berlin en connaît dans l'hiver : une éblouissante luminosité renforcée par la réverbération sur la neige fraîche, un lac gelé, les buissons et les vasques de marbre calottés de paquets blancs. Ainsi avait-il pu voir le parc de cette villa lors de ses marches hivernales.

...Le froid est mordant. La cheminée fume. Les foyers alimentés par de bonnes bûches de chêne diffusent une chaleur réconfortante et douce. Le personnel de service est sur les dents dans l'attente effervescente des personnalités annoncées...

Tout doit être parfait pour recevoir les aigles du Reich !

Les planchers cirés brillent dans l'éclat des lustres à pampilles de cristal, la profondeur des fauteuils « club » en cuir fauve est une invitation au repos. L'ambiance est feutrée. A l'heure prévue, glissant silencieusement sur le macadam gelé, une série de limousines aux longs capots ornés du sigle étoilé de Mercedes, s'engagent dans l'allée. Sur les ailes rutilantes, le fanion à croix gammée.

Les chauffeurs en tenue irréprochable, bottes et ceinturons étincelants avec claquements de talon et courbettes ouvrent les portières. S'extraient alors, de la profondeur cossue des véhicules, des militaires et des civils en pardessus de cuir noir. Tous portent le sinistre brassard aux initiales de la SS : deux sombres éclairs. Ils franchissent d'un pas rapide l'allée déneigée, montent les marches du perron et se congratulent après un salut hitlérien. Heil !

Ils sont quatorze ! Lorsqu'ils ont franchi le seuil, les doubles portes se referment sur le secret de leurs propos.

Si les murs pouvaient parler, oseraient-ils seulement répéter ce qu'ils ont entendu ?

Ce triste colloque secret était attendu car différé à deux reprises. Il aurait dû rassembler ces hommes en décembre mille neuf cent quarante et un mais l'attaque de Pearl Harbour et l'entrée en guerre des Etats-Unis d'Amérique avait perturbé et retardé les plannings nazis.

De ce sinistre conciliabule naquit le concept de la « solution » dite « finale » : plutôt que de déporter les juifs et les tziganes, tous ces peuples jugés indésirables dans l'espace vital du troisième Reich, une politique d'extermination pure et simple scientifiquement et économiquement organisée apparaissait à ces apparatchiks comme la plus évidente des solutions.

L'éradication pure et simple d'une population fondée sur des données raciales.

Un génocide !

Après avoir trinqué d'un verre de cognac, les protagonistes de cette terrible réunion se quittèrent. Même Heydrich, le numéro deux de la SS après Himmler, réputé sobre, se serait laissé aller à vider son verre pour arroser une telle décision. Eichmann présent allait dès lors se consacrer à la déclinaison de l'horreur avec sa rigueur mathématique d'apothicaire afin de rentabiliser au mieux la méthode.

Mahmoud s'était informé sur cette réunion : elle lui semblait cruciale. La clé d'un terrible problème posé à l'Occident et dont lui-même ressentait plus d'un demi-siècle après les conséquences. L'onde de choc se propageait toujours dans le temps générant son contingent de haines et de morts inutiles.

Mais les échos du big-bang ne sont-ils pas audibles à l'ouïe fine des radiotélescopes ? La fatalité aussi a ses lois physiques.

Les traces de ce singulier colloque ne transparaissent qu'au travers d'un procès-verbal trouvé après la guerre : les originaux détruits, le brouillon bien qu'« édulcoré » ne laisse guère de doute sur son contenu. Le fidèle bras droit, le dauphin du régime, Göring s'était fait l'écho du Führer : il avait enjoint Himmler d'organiser ce meeting. Heydrich, le « boucher blond » en avait été le maître d'œuvre !

Au terme de ces si courtes heures fatidiques le destin de deux peuples devait se jouer le siècle suivant.

Le problème à résoudre par les nazis était de régler l'avenir du peuple juif d'Europe. Sa déportation vers l'Est était déjà chose faite. Les trains de wagons à bestiaux sillonnaient les territoires occupés et déchargeaient leur chargement humain dans les camps dits de « concentration ».

La suppression physique avait commencé, hypocrite et insidieuse, par des travaux forcés associés à une sous-alimentation chronique.

L'extermination proprement dite pouvait commencer, d'abord concrétisée par l'assassinat individuel pur et simple.

Une balle dans la nuque !

Le spécialiste initiateur de ces basses besognes se heurtait à des problèmes inattendus car l'horreur n'a pas de limites. La destruction directe avait la lenteur d'un travail artisanal trop onéreux : en temps de guerre les balles doivent aller au front ! Et Dieu sait si ceux-ci étaient étendus tant à l'Est qu'à l'Ouest. Elle induisait surtout des effets psychologiques délétères. Les SS chargés de ces exécutions, les bourreaux eux-mêmes, finissaient par déprimer, s'interrogeant sur le fait qu'ils exécutaient des sujets souvent allemands, venus de leur ville, parlant leur langue.

Lorsque les exécuteurs de basses œuvres se posent des questions, les fondations de l'organisation tremblent : l'édifice criminel peut s'effondrer. Une solution radicale à ces atermoiements, plus rapide, moins coûteuse et surtout effaçant les états d'âme des effecteurs en évitant tout contact direct entre le tueur et sa victime s'imposait donc afin de désamorcer l'effet culpabilisant individuel, ne laissant persister que le sentiment d'obéissance au supérieur hiérarchique. Ce dernier endossait la responsabilité de l'ordre donné aussi abject soit-il.

Tout était ainsi remis dans un ordre cher aux Teutons, pensait Mahmoud !

Eichmann, présent à cette réunion du Wannsee en avait saisi le sens profond. Obéissant aux ordres supérieurs, docile, en bon organisateur, en gestionnaire avisé avec une exemplaire maîtrise des moyens passa de la théorie à la pratique. Il fut le bras meurtrier d'Hitler réglant avec diligence les rouages complexes de la solution dite « finale ».

Mais comment l'effroyable mécanisme de destruction d'humains n'a-t-il pas pu être bloqué par le grain de sable représenté par les objecteurs de conscience ?

Mahmoud avait compris que tout reposait sur l'obéissance à une autorité supérieure décisionnelle à laquelle incombait toute la responsabilité de l'acte ordonné. Innocent et consciencieux, l'effecteur se trouvait soulagé de toute critique et de libre-arbitre. Lisant les comptes-rendus des expériences de Stanley Milgram à l'université de Yale dans les années soixante, Mahmoud avait avec effroi mesuré à quel point l'homme candide et soumis, obéissant à une règle, peut être capable de détruire froidement son prochain en allant même à l'encontre de sa conscience : la majorité d'une population standard était constituée d'assassins potentiels ! Il avait, plus tard, vu le film de Verneuil, « I comme Icare » dans lequel ce test est parfaitement illustré.

La curiosité de Mahmoud pour l'histoire contemporaine était attisée par le désir de comprendre et de raccrocher les lambeaux du puzzle à sa propre destinée : tenter d'élaborer une chaîne de causalité pour expliquer cet enfer qu'était devenu son pays déchiré entre les communautés.

Il avait beaucoup lu, fouillé en rat de bibliothèque, compilé les archives et surtout réfléchi à la triste philosophie de l'Histoire des hommes.

Comment se fait-il qu'au fil des siècles ils n'aient pas tiré un enseignement constructif pour leur propre avenir et leur bonheur ?

Comment n'ont-ils pas pu enrayer le cercle vicieux des haines et éviter l'éternel recommencement des massacres aux noms de dieux, d'idéologies politiques, de désir de puissance, alors qu'une vie est si fragile et si courte ?

Nous avons, pense Mahmoud, le paradis à nos pieds, pourquoi y faire régner l'enfer ?

Dans le silence de la nuit Mahmoud se perd dans une réflexion intérieure. Elle l'emporte bien loin de là, dans le temps et l'espace, dans l'enchevêtrement des fils ténus du destin qu'il tente de démêler pour entrevoir ce que pourrait être l'avenir. Pas le sien propre, car sa vie est déjà pourrie par le présent, mais celui de son fils. Il avait projeté cet enfant avec l'inconscience de la jeunesse et de l'amour, dans les miasmes d'un réel sans espoir. Les lignes du « Prophète » de Gibran lui reviennent à la mémoire : « vos enfants ne sont pas pour vous, ils sont les flèches que vous avez lancées dans l'avenir, pour eux-mêmes… »

Il a conscience de l'« effet–papillon » décrit par les phénoménologistes. Si un battement d'aile arrive à induire à l'autre bout du monde un cataclysme, quel pourrait être, se demande-il, l'imperceptible soubresaut personnel qui me permettrait d'infléchir, fragile papillon humain, le destin de mon fils et de mon peuple ?

Cette question tourne inlassablement dans sa tête. Son long séjour berlinois lui avait ouvert les yeux sur l'Espoir : n'avait-il pas été témoin de la construction de l'Europe ?

N'avait-il pas été témoin de la chute du Mur ?

Les Murs sont destructibles !

Il suffit de le vouloir !

Tout était donc possible ?

Du moins le croyait-il : mais le Mur se dresse devant lui quotidiennement barrant insolemment son horizon, barrage et injure à l'intelligence humaine.

La victimisation est-elle encore légitime un demi-siècle après que les assassins aient été jugés ?

Donne-t-elle tous les droits, notamment ceux de faire d'autres victimes ?

Il avait été témoin de cette construction européenne en dépit des terribles guerres entre l'Allemagne et la France : les blessures s'étaient bien refermées. Les protagonistes avaient retrouvé une sérénité constructive.

Pourrait-on espérer un jour une paix israélo-palestinienne ?

Et par quelle voie y arriver ?

A Berlin, chaque soirée passée avec ses compatriotes exilés pour leurs études ou leurs convictions politiques s'achevait par le sempiternel sujet de l'avenir de leur pays. Toutes les opinions se retrouvaient depuis les tenants « jusqu'auboutistes » de la lutte armée, jusqu'aux partisans de la désertion pure et simple et de l'expatriation pour jouir d'une qualité de vie avec les standards européens et éviter ainsi les tourments d'un quotidien fait d'affrontement et d'humiliation.

## 17-Journal (suite)

Le temps passe très vite au bloc. Notre second malade a aussi bénéficié de ses trois pontages coronaires. Il fait presque nuit. La symbiose entre les deux équipes commence à se faire avec l'apparition d'une certaine complicité entre les différents acteurs.

Marie et Jeanne, toujours souriantes et pleines d'humour ont su rompre la glace que la présence de l'« étranger » vient toujours ériger à l'œil des autochtones : un mélange de méfiance, de curiosité, de timidité, teinté parfois même d'agressivité enfouie, tout à fait légitime vis-à-vis de ceux qui débarquent et leur sont imposés au nom d'une aide technique. C'est un art de savoir se faire accepter avec humilité par ces personnes qui nous reçoivent, de savoir respecter leur travail qui se fait dans des conditions très différentes du nôtre du fait des pénuries : ils n'ont que plus de mérite à gérer leur quotidien avec des moyens modestes.

Notre équipe est riche de l'expérience acquise dans ces circonstances. J'ai l'occasion d'en apprécier le tact et la gentillesse. Pierre est déjà copain-copain avec les instrumentistes : c'est à lui que nous devons l'accès à la « suite ». En leur compagnie il a déjà visité les toits terrasses de l'hosto. Il m'y a conduit à la tombée de la nuit : la vue sur Ramallah est troublante, cernée par le Mur et les colonies. La vétusté des systèmes de climatisation permet de comprendre pourquoi nous avions si chaud dans la salle d'opération. Je devais y découvrir, de plus, un véritable capharnaüm de tous les objets détériorés : meubles, lits, vieilles tables d'accouchement, chaises boiteuses rouillant et pourrissant lentement sous les intempéries.

Après une dernière visite aux Soins Intensifs, alors que nous sortions de l'hôpital pour regagner notre hôtel à pied, un de nos infirmiers nous propose de nous ramener dans sa voiture : une vieille Fiat Punto aux bas de caisse rouillés et aux suspensions agonisantes dans des craquements de douleur ramena courageusement toute la petite équipe hilare et comprimée.

Après une douche délassante nous nous sommes retrouvés autour d'une bonne cuisine régionale aux saveurs rehaussées par le vin des pères trappistes de Bethléem.

18-Jérusalem…

…Moshé se souvient de son arrivée dans l'enceinte de la forteresse de Terezin : traversée cahotante de cette morne campagne dans l'alternance de grands bois de bouleaux aux troncs blancs rayés de noir, aux bras désespérément tendus vers un ciel gris et des plaines fraîchement labourées, sur une route détrempée pleine de nids de poules dans lesquels les roues faisaient jaillir des gerbes de boue.

La nuit d'automne tomba vite.

Chacun était frigorifié et silencieux. Dans une obscurité tailladée par les faisceaux des phares ils arrivèrent au pied de la forteresse. Les camions ralentirent pour s'arrêter après avoir franchi la voûte monumentale découpée à l'emporte-pièce dans les épaisses fortifications. Cette gueule de four géant avala goulûment le chapelet de véhicules. La lourde porte blindée à deux battants se referma sur eux.

Un écriteau en allemand gothique la surmontait : « Arbeit macht frei ! »

Moshé apprit plus tard que dans le dogme nazi, « le travail rend libre ! ». Une cynique formule que l'idéologie insolente du troisième Reich osait apposer sur chacun de ses camps.

Mais que faisait ce convoi à Terezin ?

Terezin, ville-forteresse au nord de Prague, avait été établie afin de renforcer la frontière de la Prusse. L'impératrice Thérèse, sa marraine, lui avait donné son nom : Theresienstadt. Evacuée de ses habitants par les forces hitlériennes, elle avait été aménagée comme centre de concentration des Juifs du nord et de l'est de l'Europe. Son but diabolique était la création par les nazis, aux yeux du monde, d'une communauté juive autonome gérée par un Conseil des Anciens. Cette cité servait de paravent aux odieux trafics conduisant à la solution dite « finale ». L'harmonie apparente de cette communauté juive « protégée » par le Reich était autant de poudre aux yeux jetée à la face de l'humanité. Cette hypocrite vitrine n'était qu'une macabre comédie, une cynique mise en scène.

L'enfant Moshé, à l'heure tardive de son arrivée à Terezin était loin de ces considérations. Sa survie ne devait lui permettre d'appréhender cette mascarade funèbre qu'à bien des années de distance, lorsque adolescent, il put prendre la mesure de l'infamie dont ils avaient été ses parents et lui, les jouets innocents.

Ses premiers instants à Terezin, au-delà des longues procédures d'admission, le virent séparé de sa famille. Les enfants étaient regroupés dans des dortoirs spécifiques. Les parents eux-mêmes furent dirigés sur des bâtisses dédiées sélectivement aux hommes et aux femmes. Cet éclatement familial fut une terrible déchirure pour Moshé. Dans le dortoir des garçons un bat-flanc couvert d'une paillasse de crin crasseux lui fut attribué. Lui et les quelques jeunes arrivants furent jaugés avec curiosité par leurs congénères amaigris flottant dans des frusques usées et sales. Moshé, les yeux rouges et mouillés se ressaisit pour ne pas pleurer devant ses condisciples. Il gagna sa couche avec son baluchon. Il s'endormit malgré lui, épuisé par la fatigue des dernières heures. Son sommeil fut de plomb. Aucun rêve ne devait éclairer l'épaisseur de la poix dans laquelle il était immergé. Le réveil fut d'autant plus brutal qu'il avait, durant quelques heures, oublié où il se trouvait.

Moshé n'était pas sauvage. Il se fit rapidement des amis. Ils le firent profiter de leur expérience de la survie dans ce camp : comment aller voir les parents, comment glaner du côté des cuisines quelque nourriture supplémentaire, quelques épluchures, comment arriver à faire une toilette de chat sans attendre trop longtemps aux points d'eau de la cour, comment se méfier de tel ou tel garde particulièrement vicieux et agressif.

Ses parents le voyaient autant qu'ils pouvaient le faire. Ils lui apportaient le meilleur d'eux-mêmes tant en affection qu'en alimentation : un gobelet de café tiède et sucré, un peu de pain bis ou quelques pommes de terre. Il devait plus tard se souvenir douloureusement de ces gestes venus du cœur, fruits de leurs privations. Ces sacrifices avaient permis à l'enfant de survivre au-delà de la libération du camp par les troupes russes. Sa mère d'abord puis son père avaient hélas été déjà emportés par la mort : sa mère au terme d'une épidémie de typhoïde, dans la cabane servant d'infirmerie, son père ayant été porté sur la liste des appelés pour un départ avec un convoi.

En effet, la vie communautaire du camp était organisée sous l'œil intransigeant du commandant allemand : celui-ci se déchargeait des ordres émanant de sa hiérarchie en les reportant hypocritement sur les membres juifs du Conseil des Anciens. Ces derniers devaient gérer près de cinquante mille individus entassés dans un site prévu pour environ sept mille. La pire de leurs missions était l'établissement des listes des personnes à envoyer en convois ferroviaires vers d'autres camps aux finalités indéterminées. Terrible position d'interface entre geôliers et prisonniers ! Entre le marteau et l'enclume, avec sur la conscience la charge écrasante du choix des individus.

La particularité de Terezin était d'héberger une grande quantité de personnalités connues dans les milieux culturels et scientifiques dont la disparition subite et inexpliquée n'aurait pu passer inaperçue aux yeux de la communauté internationale. Se retrouvaient incarcérés dans cette fausse « cité-vitrine », un nombre important d'artistes, hommes de lettres, musiciens, peintres, chercheurs, médecins ou chirurgiens.

Dans cette promiscuité, face à un quotidien sans espoir, les adultes eurent à cœur de protéger les plus vulnérables : les enfants.

Moshé découvrit au fil des jours une vie difficile tant sur le plan affectif que matériel : la frugalité des repas insuffisants pour des jeunes en période de croissance lui laissait une sensation permanente de faim. La monotonie et la tristesse de ces jours lui faisaient prendre conscience de la chance qu'il avait eue dans sa petite enfance.

Il se fit des camarades. Beaucoup d'entre eux subirent l'arbitraire incisif des listes et lui furent enlevés pour être emportés dans ces mystérieux convois. Ainsi croisait-il des garçons et des filles de tout âge qui, un beau matin, étaient appelés à disparaître pour cet hypothétique voyage : autre centre de déportation ou espoir de nouvelle installation ?

L'idée de la mort comme seul objectif ne les effleurait pas encore.

Le plan diabolique d'un « deus ex machina » au-delà des murs de Terezin, gérait malgré eux le destin de l'enfant et de ses parents. Ils virent autour d'eux bien des familles dispersées et emportées. La logique de cette roulette capricieuse restait incompréhensible. Tous les départs annoncés à la dernière minute laissaient planer une incertitude terrible et permanente. Aucune des projections dans le futur qui aident à vivre n'était possible. La visibilité se restreignait à l'heure à venir.

L'éclatement des familles ne faisait que resserrer les liens. Moshé se souvient de ses allées et venues entre les austères blocs numérotés hébergeant d'un côté son père, de l'autre sa mère, ses galoches à semelles de bois sonnant sur le pavé.

Le travail quotidien incombait aux adultes et aux adolescents. Les nazis utilisaient cette main-d'œuvre gratuite pour une activité quotidienne épuisante, à la façon d'animaux domestiques. La résistance individuelle à la faim et au labeur déterminait seule la capacité de survie à ces travaux forcés. Les plus âgés ou les malades ne tenaient pas le rythme. S'ils mouraient, ils étaient emportés, comme des charognes, avec les ordures ménagères, sur les charrettes à bras tirées par les autres prisonniers.

Moshé, comme les autres enfants, était pris en charge par les adultes désireux de leur faire mener une vie la plus conforme possible à celle d'enfants de leur âge : des cours clandestins leur étaient dispensés ainsi que des activités ludiques pour tenter de les aider à vivre. Dans les combles et les greniers, sous les poutres poussiéreuses et parmi les toiles d'araignées, sous la responsabilité de leurs aînés ils recevaient un enseignement. Les maîtres étaient tout trouvés parmi cette élite culturelle rassemblée. Ils devaient y supporter autant les journées estivales faisant chauffer les tuiles que les froids rudes de l'hiver. Lorsque la neige couvrait les toits, que le vent glacé s'immisçait entre les fentes des chevrons, regroupés les uns contre les autres pour tenter de se réchauffer, accroupis autour de leur maître, ils continuaient à s'instruire. L'enjeu pour les enseignants était de faire oublier à cette jeunesse dont la vie précaire était définitivement brisée, leur effroyable et insoutenable situation. Dociles, les enfants s'adaptaient tant bien que mal à cette complexité du quotidien. Cette concentration de maîtres prestigieux dans les domaines des arts et des sciences était pour eux une aubaine. Les adultes se consacraient à cette activité pédagogique avec l'énergie du désespoir, conscients du caractère éphémère de leur action.

Moshé, l'adulte, celui qui avait survécu, épargné par le hasard de l'Histoire, n'avait jamais oublié ce qu'il avait pu apprendre dans le secret de cette école interdite.

19-Ramallah…

Le rêve de Mahmoud, s'il osait se projeter dans l'avenir aurait été celui d'une vie harmonieuse avec les Israéliens : il lui semblait difficile de revenir en arrière et de les bouter hors du territoire qui leur avait été attribué. La présence d'Israël paraissait dans l'état actuel des choses, incontournable.

Il importait donc de conquérir la paix. Beaucoup trop de morts innocents de part et d'autre ! Trop de luttes permanentes ! Apaiser les haines réciproques que la violence attise, tenter de rapprocher les populations, égaliser les droits pour que chacun se sente citoyen du même sol. L'eau est la source de vie dans ces régions arides de steppe et de désert. La partager équitablement !

Le plateau du Golan, château d'eau de la région devait, selon lui, être accessible à tous. La dérivation vers Israël de l'eau du Jourdain n'était qu'un détonateur de plus dans une région de désertification !

L'union ne fait-elle pas la force ?

Un rêve, une utopie ?

Non ! Car il est écrit que tout est possible aux hommes de bonne volonté. Il arrivait à Mahmoud de songer à une conquête pacifique de l'unification : la « non violence » pour le philosophe qu'il était restait, à son avis, plus puissante que l'escalade et la surenchère des vengeances dont le cercle vicieux, difficile à rompre, se nourrit de victimes innocentes des deux camps.

L'exemple de Gandhi, un émule de Thoreau qu'il admirait, lui donnait à réfléchir. Cet avocat leader de l'indépendance de l'Inde sous l'occupation anglaise avait délogé les conquérants par une mobilisation populaire pacifique. La marche nationale vers la mer pour aller y chercher symboliquement le sel avait été un succès. Sur les pas de l'ascète la foule jour après jour avait grossi. La vague induite avait comme un tsunami submergé les occupants. Et si cette terre de Judée avait la chance de trouver un tel homme de paix capable de fédérer les courants idéologiques divers en les potentialisant : un peuple debout, fier, en marche ?

… Des milliers, des centaines de milliers, des millions d'hommes et de femmes, les mains vides et le cœur débordant d'espoir : celui de franchir ce Mur, de le déborder comme un fleuve en crue au-delà des digues, par chaque passage actuellement contrôlé par l'armée d'Israël, de déferler sur tout le pays pour gagner la mer.

Peut-être le miracle d'une rencontre avec des Israéliens de bonne volonté aurait-il lieu ?

Tout ne serait-il pas possible dans ce pays élu de Dieu ? Mais ce serait le geste grandiose d'une masse homogène, déterminée, paisible ! Une vague humaine, une déferlante puissante par son désir, que ne peut endiguer l'inertie idiote du béton. Cette fluide marée trouverait bien les brèches dans le Mur par lesquelles s'infiltrer pour glisser quartier par quartier au-devant d'une population juive à convaincre du caractère pacifique de cette marche. Rencontre, face à face et expectative : si le miracle a lieu se dit Mahmoud, dans les mains tendues sans armes, d'autres mains devraient se poser : un geste de paix. Peut-être aussi le Mur s'effriterait-il comme celui de Berlin par une volonté commune si les gens d'Israël avaient le fair-play de tendre la main aux pèlerins de la paix. Quelle leçon pour le monde et pour ceux qui vivent de la guerre et s'en enrichissent que ce refus des combats ! Quelle grandeur pour le pays ! Sur les fondations fumantes de ce Mur détruit pourrait s'ériger avec une volonté commune des deux populations un état mixte israélo-palestinien riche de l'union de deux cultures complémentaires.

« I have a dream… » pense Mahmoud! Et quel rêve !

Mais si loin d'une réalité sordide dans laquelle le quotidien reste éclaboussé du sang d'innocents dans les deux communautés.

Pour Mahmoud la tolérance est l'indispensable ciment pour sceller une conjugaison harmonieuse des peuples. Ce n'est pas, hélas, une vue partagée par les extrémistes de tous bords, minorité tapageuse dont les excès fanatiques sont autant d'huile jetée sur le feu. A chaque soubresaut de violence se creuse la brèche séparant les bonnes volontés qui désirent la paix et une vie normale. Une marche pacifique de tout un peuple vers ce Mur à la face du monde, avec l'actuelle puissance des médias serait une victoire possible de la raison et un acte de foi en la paix. Un autodafé au sens propre ! Une telle fusion des foules dans le creuset de la Judée serait le symbole d'une unité possible à opposer aux tenants de la guerre sans merci : ils en vivent depuis tant d'années ! Les fronts clandestins de résistance terroristes et les maffias manipulent beaucoup, beaucoup d'argent : c'est une activité juteuse, sous-tendue toujours par un argumentaire politique tellement facile afin de se donner bonne conscience. L'alchimie de cette fusion fraternelle dont rêve Mahmoud, philosophe dans l'âme, serait l'apogée de la non-violence.

Une « Intifada blanche ».

Ce dernier n'a hélas plus guère d'illusions sur la condition humaine. Il sait aussi que cette longue confrontation des deux peuples a engendré trop de martyrs. La douleur vive et les ressentiments sont deux poisons générant haine et colère avec pour corollaire, le désir de vengeance. Il est difficile dans ce climat de faire dominer la raison lorsque bouillonnent les passions : les hommes sont rendus sourds et l'animal blessé, rendu incohérent par la douleur, finit par ressortir sous l'enveloppe humanoïde. Bien peu de nos congénères sont dotés de sagesse. Il fallait un personnage charismatique comme le mahatma Gandhi pour catalyser les mouvements d'un peuple, lui donner foi et courage, le galvaniser avec comme seule arme l'exemplarité. Le renouvellement indéfini de l'Histoire est lié à la condition humaine : malgré sa prétendue sagesse, l'homo dit « sapiens » ne tire aucune leçon de son passé : le missionnaire de la paix a finalement été assassiné ! Le fanatisme individuel triomphe facilement devant la candeur des sages et rallume vite des haines longues à éteindre ensuite.

Le sommeil s'insinue insidieusement dans l'esprit de Mahmoud. Il pose le tuyau et l'embout de sa pipe à eau sur la tablette posée à ses pieds. Le charbon de bois frissonne encore avec une braise rosée. Mahmoud s'endort avec calme, bercé par la vision sereine d'un pays tolérant et unifié dans lequel chacun pourrait trouver sa raison d'exister à côté de l'Autre, au-delà des races et des croyances religieuses.

20-Jérusalem…

C'est la visite de la synagogue de Prague qui avait le plus douloureusement et brutalement frappé Moshé : un choc inattendu. Y étaient exposés dans des vitrines des dessins d'enfants à en croire leur facture un peu naïve. Myriam marchait devant lui et passait assez rapidement. Lui-même était sidéré et glacé par ce qu'il voyait : les dessins des « enfants de Terezin » ! Moshé s'était trouvé tout à coup hors du temps et face à lui-même à bien des années de là : un enfant en détresse tentant de s'exprimer, crayon en main, pour conjurer la réalité. Il se retenait de trembler. Le vieil homme qu'il était sentait presque ses jambes se dérober sous lui en scrutant avec une attention soutenue chacune des feuilles épinglées. Entre celles-ci, quelques clichés en noir et blanc illustraient ce qu'avait été la vie dans le camp. Les tonalités de gris se coloraient des couleurs réelles incrustées de façon indélébile dans la mémoire de Moshé.

Découverts au fond d'une valise lors des déblaiements du camp, après la guerre, ces centaines de feuilles de toute forme, de toute qualité, car les enfants dessinaient sur les supports qu'ils pouvaient trouver, restaient la seule trace de tant de vies injustement fauchées. Le cœur serré et les yeux humides il avait longuement étudié un à un ces croquis de scènes de la vie quotidienne du camp, ces gribouillages des plus petits, ces messages naïfs : témoignages pris sur le vif avec la candeur d'un œil juvénile. Tous tentaient d'exprimer ce qu'ils ressentaient : dessins de la famille, les bagages, l'arrivée au camp, les chambres communes, les amis, leurs jeux…

Le passé le giflait à nouveau !

Il ne pouvait se détacher de chacune de ces images jaunies à travers lesquelles, sous chaque trait, il pouvait reconnaître la douleur et l'angoisse exprimées par la petite main qui l'avait tracé.

Myriam, revenue sur ses pas avait contemplé Moshé, consternée de le voir si pâle. Présence silencieuse, elle l'avait pris par le bras pour le soutenir, le suivant, le laissant à son rythme déchiffrer devant ces images les tourbillons éveillés de sa vie intérieure. Moshé le rescapé, ayant été un de ces petits dessinateurs lui aussi, lisait avec détresse ces lignes précisant le nom du petit artiste, sa date de naissance et celle de sa mort, lorsqu'ils étaient identifiés. Bien peu avaient, comme lui, survécu. Les jeunes sacrifiés avaient peu goûté à la vie, leurs séjours n'étant souvent que de quelques mois dans ce camp.

Il s'était revu, lui aussi, bien des années en arrière, accroupi dans ce grenier, une planche sur les genoux en guise de bureau improvisé, s'appliquant à griffonner ce qui constituait son quotidien. Les crayons étaient précieux, taillés parcimonieusement jusqu'à ce qu'on ne puisse plus les tenir. Les papiers rares. La complicité des habitants des villages voisins avait permis de faire rentrer le peu de matériel dont ils disposaient. Ces dessins éveillèrent en Moshé le souvenir des précieux instants d'oubli procurés par ces activités.

Certains déportés avaient emporté avec eux des instruments de musique. Un vieux piano traînait, abandonné dans une salle de garde désaffectée. Le génie du bricolage doublé de la virtuosité d'un ancien facteur d'orgues avait permis une remise en état correcte de l'instrument. Ce piano droit, au vernis écaillé par le temps et les mauvais traitements, avait retrouvé une sonorité acceptable. Certes ce n'était pas un Steinway ! Mais, faute de grives, on mange des merles. La création d'une chorale et de spectacles pour les prisonniers apparut aux musiciens comme le moyen de distraire et d'adoucir leur séjour. Un orchestre se constitua. Les répétitions eurent lieu après les travaux du jour et avant le couvre-feu…

21-Ramallah…

C'est vers une heure du matin que Mahmoud fut avisé de la catastrophe. Il ne dormait pas. Il était inquiet. Il venait de rentrer de son habituelle soirée passée à polémiquer au café. Aicha l'attendait assise dans la pièce principale. Elle avait posé sur l'étendoir pliable la petite lessive du jour, avait rangé la vaisselle et s'était assise devant son téléviseur. La parabole ouverte sur les satellites lui permettait la capture de nombreuses chaînes arabophones. Elle avait zappé sans trouver une émission à son goût. En fait elle n'avait pas la tête à se fixer sur un sujet particulier. Le petit écran restait, ce soir, un alibi pour la maintenir éveillée en attendant son époux. Son esprit était ailleurs.

Assis enfin près d'elle, Mahmoud avait éteint le téléviseur. Tous deux, dans une semi-obscurité, discutaient depuis environ une heure. De tout et de rien. Le cours de la journée, les courses du taxi avec les clients, les potins de l'immeuble, la simple réalité du quotidien. Une facture à acquitter. Un mot de leur assureur automobile. Tous deux laissaient la soirée s'éterniser. Sans se l'être dit, ils attendaient.

Il y a quelques jours, la confrontation entre le père et le fils avait été dure. Les mots échangés brutaux. Depuis lors, Khalil était devenu taciturne. Il s'était renfermé sur lui-même. Toujours le même sujet : la terre de Palestine et les Juifs, leur destin de réprouvés sur leur propre sol, passagers d'un navire sans boussole et dont on ne percevait pas le but, sur une mer démontée et dangereuse. Un navire aux commandes duquel les capitaines se vouaient une haine atavique et meurtrière. Les deux frères ennemis achevaient de briser la frêle embarcation dont les membrures craquaient et la coque prenait l'eau. Leur fils, dans la fougue aveugle de la jeunesse, se voulait le digne disciple d'un Arafat combattant, stimulé par son entourage d'adultes prosélytes et de congénères enthousiastes. Il ne mesurait pas le poids des vies à leur juste valeur. Khalil hurlait à l'unisson de la meute ! Intransigeant et entier comme un adolescent, il jugeait son père avec la sévérité butée et sans concession de la jeunesse. Son inexpérience de la vie ne pouvait pondérer ses engagements. Tout feu et tout flamme il adhérait aux avis belliqueux. L'activisme comme un miroir aux alouettes faisait briller à ses yeux l'aura du héros sacrifié pour une cause qu'il croit juste. La ceinture de dynamite et le visage cagoulé des soldats de la reconquête qui défilent parfois dans les ruelles les jours de grande colère lui semblaient le meilleur visage de la résistance palestinienne à l'occupant sioniste. Certes le jeune homme aimait ses parents mais quel peut être le poids de cet amour face à l'exaltation exacerbée des sentiments patriotiques : les jeunes nazis embrigadés ne dénonçaient-ils pas leurs proches ? Les raisonnements pacifistes de son père fondés sur une non-violence philosophique qui avait déjà fait ses preuves et une désobéissance civile justifiée lui semblaient une attitude de vieillard frileux et de pleutre. Le ton de la dernière conversation entre le père et le fils avait été plus qu'agressif. Khalil, manquant de respect pour son père, l'avait traité de lâche dépourvu d'amour-propre. A cours d'argument, quittant la table et claquant la porte, il avait laissé face à face ses deux parents dépités et déconcertés. Il n'est de pire sourd… Et tout était à craindre de la part d'un écervelé enflammé par la révolte.

Aicha et Mahmoud restaient donc éveillés, taraudés par l'inquiétude et préoccupés par un tel changement d'attitude : il n'augurait rien de bon. Retours au domicile de plus en plus tardifs, silence obstiné, regards hargneux. L'orage couvait. Tous deux sentaient de gros nuages s'amonceler au-dessus de leur tête.

22-Journal (suite).

Ce matin l'ambulance se fait attendre. Le soleil réchauffe l'atmosphère. Nous lézardons agréablement sur la terrasse. Chacun semble plongé dans ses pensées. En fait nous somnolons encore, engourdis par les bienfaits d'un copieux petit déjeuner. Jeanne a été appelée dans la nuit pour quelques conseils téléphoniques concernant la réanimation médicale d'un des patients de la veille. Pas de problème majeur. Globalement les deux premiers opérés vont plutôt bien.

Promenade du matin dans les ruelles de Ramallah : la vie y est active, les trottoirs grouillent de monde. Déjà des embouteillages. Les klaxons impératifs expriment bruyamment l'exaspération des conducteurs. La patience n'est pas la principale qualité des chauffeurs palestiniens. Un policier tente à grands coups de sifflet et au péril de sa vie de fluidifier cette « confiture ». Il torée sans grâce au risque de se faire tailler un short par les pare-chocs agressifs et sourds.

Quelques coups de sirène et les éclats du gyrophare nous ouvrent la route. Je me souviens des jeux de « mille bornes » : l'ambulance est bien prioritaire ! Celle-ci brinquebale hardiment. Dans un grand bruit de ferraille elle nous débarque devant l'hosto. L'entrée est encombrée de chalands. Ils vont et viennent en bavardant bruyamment. Un vrai souk ! Nous repassons devant l'œil et les lèvres brillantes de Yasser, encadré en effigie guerrière, campé avantageusement, le poing sur la hanche près du colt dont la crosse dépasse de l'étui. Décidément il se prend bien pour John Wayne ! Mahmoud Abbas lui fait pendant et semble comparativement être un grand-père placide.

Inutile d'attendre l'ascenseur : il n'est pas là. Des hordes sauvages le guettent, prêtes à le prendre d'assaut. Un groupe est rassemblé dans un coin. Je crois y reconnaître notre chauffeur de taxi. Il a l'air sombre et semble soutenir une femme voilée dont la silhouette grise dans sa djellaba est secouée de soubresauts. Elle pleure à grand bruit. Les autres accompagnants discutent avec véhémence. En tant que médecins, traînant le plus clair de notre temps dans ces boutiques de malades que sont les hôpitaux, nous sommes relativement habitués à cette confrontation quotidienne avec le malheur d'autrui. Une vie de dingue si l'on y réfléchit ! A la limite de la normalité. Bien différente de celle du guichetier qui fait face aux populaces grimaçantes, de l'artiste qui se bat avec son flonflon ou son crayon, du comptable qui refait ses calculs ou de l'ingénieur ou de l'architecte qui modifie un plan… Bon, nous faisons ce que nous pouvons pour nous en accommoder et tenter d'y être imperméable afin de ne pas nous faire bouffer par ce bain permanent dans la souffrance des autres : c'est une autodéfense. Elle évite d'être réduit en bouillie, digéré par l'acidité des malheurs auxquels nous tentons de porter remède. Ne pas nuire et tenter de soigner, comme le conseille le vieil Hippocrate. Dieu, s'il a le temps et s'il existe, fera le reste !

Nous nous sommes regardés. Mes amis ont-ils reconnu le chauffeur ? Nous ne nous sommes rien dit.

Nous remontons les escaliers jusqu'au bloc pour nous y changer. Heureusement que l'accès nous est donné à la suite « présidentielle » : salle de repos jouxtant le bloc, elle est beaucoup plus appétissante que les chambres de garde.

Le docteur E. est là : en pyjama vert, il fume, silencieux, près d'un cendrier plein de mégots. Il semble lessivé. Teint pâle et cernes gris. Le bas de son pantalon est taché de sang ainsi que ses sabots. Il lève sur nous un regard infiniment triste.

- Encore un sale pépin ! Notre quotidien est terrible.

- Vous avez opéré cette nuit ? Lui demandais-je. Un accident ? Il semble que ce fut saignant si j'en crois votre tenue.

- Hélas, non pas un accident. Les accidents font partie de la vie courante. Pour tout dire, je rêve de n'opérer que des accidentés. On m'a appelé en catastrophe pour un jeune garçon grièvement blessé par balle vers une heure du matin. Ce gamin d'une quinzaine d'années, un âge con s'il en est, s'est voulu justicier et revendicateur. Il est allé avec quelques copains vers ce Mur insolent qui nous cerne. Il hante notre vie, le jour par sa réalité, la nuit dans nos cauchemars. Ce jeunot voit ses aînés combattre et tenter d'attirer l'attention du monde civilisé… Il a voulu aussi faire un geste. Son geste ! Allez savoir pourquoi ! Dérisoire, dans un monde absurde ! Y peindre quelques « tags » de revendication. Y marquer son empreinte. Avoir l'impression d'exister.

Sous les projecteurs des miradors il s'est fait bêtement descendre. Ce sont ses amis qui l'ont apporté, exsangue. A la limite de l'arrêt cardiaque.

Un soldat israélien à la gâchette facile lui aurait lâché sans sommation une rafale de mitraillette. Il est resté sur le carreau suffisamment de temps pour presque se vider.

- Et vous avez pu le sortir d'affaire ?

- Chirurgicalement, oui mais au minimum il y perdra je pense une jambe ! S'il faut couper, ce sera au tiers moyen de cuisse. Je ne suis pas sûr qu'il survive au choc : il est aux Soins Intensifs, on l'a redescendu à l'instant mais sa tension artérielle reste imprenable. Il a ce qu'il faut comme remplissage ainsi qu'en drogues de stimulation cardio-rénale mais même si ces fonctions reprennent, compte tenu d'un arrêt cardiaque par désamorçage j'ai aussi des doutes sur son état cérébral. Les pupilles sont inertes à la lumière. Elles restent moyennement dilatées. Il faudra l'évaluer dans les heures et les jours qui viennent.

Je viens de voir ses parents : ils sont détruits ! Un fils unique. Je les ai renvoyés chez eux. Il ne leur sert à rien d'attendre. Je sais qu'ils vont quasiment camper devant la réanimation.

- Ce sont probablement ceux que nous avons croisés dans l'entrée, dit Jeanne.

-Vous avez souvent de tels blessés ? ai-je demandé.

- Cela dépend un peu climat du moment entre les deux communautés. S'ils deviennent nerveux, alors oui, les blessés arrivent. Mais souvent, les morts nous épargnent du travail.

Je ne sais pas ce qu'il leur a pris ce soir. Peut-être une jeune recrue mal conditionnée et inquiète ? Le soldat qui a tiré n'est peut-être guère plus vieux que celui qu'il a blessé. Peut-être ne voulait-il que faire peur ? Mais j'ai vu bien d'autres types de blessures que celles des rafales de mitraillette. Il y a pire : les bombes à fléchettes qui sont interdites par la communauté internationale. Un criblage catastrophique : s'il ne tue pas, il mutile définitivement. Les brûlures par le phosphore blanc : elles sont profondes, évolutives et mortelles. Nous n'avons pas l'infrastructure spécialisée pour prendre en charge ce genre de lésions. La chaleur les infecte et les blessés pourrissent sur place, déshydratés et sans les possibilités de greffe de peau artificielle comme dans vos pays. Voulez-vous un café ? Je vais m'en faire porter car j'en ai besoin pour continuer la journée. Vos patients sont montés au bloc. Nos anesthésistes on commencé à les préparer.

Le café chaud fut apprécié par les uns et les autres.

Le docteur E. se passa une main sur le visage, étouffa un bâillement. Il écrasa de ses doigts jaunis sa cigarette à demi consumée.

-Je vous laisse, j'ai à faire dans le service. Je vous rejoindrai dans la matinée. Bon courage à vous.

Nous revêtîmes nos pyjamas verts et c'est avec le croissant rouge en bandoulière sur le torse que l'on gagna la salle d'opération.

Une équipe était en train de laver celle qui avait servi durant la nuit. Des tas de compresses sanglantes traînaient encore dans les bassines. Marie reprit en main l'installation des tables d'instruments tandis que Pierre repartait monter les circuits de circulation extra-corporelle. Jeanne supervisait les mises en place de cathéters. Le patient était déjà intubé et sous respirateur.

Je revis le film des artères coronaires du malade et discutais avec le résident en attendant que «  la table soit mise » !

Le jeune palestinien était consterné par la disproportion entre cette volonté d'aller « taguer » le Mur avec une bombe de peinture automobile et la brutalité de la réponse.

- Vous comprenez, me dit-il, que dans ce pays la vie n'a pas de prix. Ni pour les uns, ni pour les autres. Nous aurons beaucoup de mal à sortir de cette impasse. La surenchère de la violence ne résout rien : elle reste le moteur des  rancoeurs. Le passif est monumental. Notre lutte est légitime pour avoir notre propre pays. L'état actuel des choses nous rend la vie impossible. Les colonies nous surplombent, nous narguent, nous grignotent comme des termites et sont une insulte à notre honneur et une usurpation de notre terre.

- Mais comment voyez-vous l'avenir ? Tant de sang a coulé. Y a-t-il selon vous un espoir de cohabitation ? Le retour en arrière semble impossible.

- Je ne pense pas qu'un retour en arrière soit possible. Les juifs sont là, ils resteront. Les extrémistes palestiniens soutenus par les pays musulmans voulant rayer Israël de la carte se fourvoient. Il nous faudra « faire avec » ! La cohabitation sera la seule solution raisonnable. Reste le problème des lieux saints : pour nous, musulmans, la mosquée de Jérusalem est le troisième sanctuaire de l'Islam avec Médine et La Mecque. Il nous faudra au moins partager ce site qui nous est actuellement interdit.

- Va vite en salle, c'est prêt ! me dit Jeanne en entrant en coup de vent dans la salle de repos : tu as le « marquis » qui a le « feu au cul » pour tailler. Il va faire un malheur !

J'ai opéré toute la matinée avec le « marquis » en face de moi : il se faisait régulièrement éponger le front et suait heureusement plus d'eau que de sang. Ses grosses pattes dans mon champ opératoire m'ont exaspéré. J'ai dû faire diligence pour ne pas être trop désagréable et lui montrer ma rogne.

Pour le malade de l'après-midi, le résident m'a promis de m'aider. Il a ce sens chirurgical qui ne s'invente pas.

Le patient du matin, endormi, a été transféré aux Soins Intensifs avec le rituel de la procession du bloc au troisième jusqu'au rez-de-chaussée le monte-malade ayant été réquisitionné.

Dans le couloir, devant l'entrée, la foule s'écarta, brutalement silencieuse à la vue de l'opéré. Cette populace curieuse nous examina avec attention : les regards allaient de l'opéré à ces Occidentaux qui l'accompagnaient. Nous sonnâmes pour nous faire ouvrir la porte : derrière nous le brouhaha reprit. La famille du blessé de la nuit était là. Cette fois-ci, je reconnus à coup sûr notre chauffeur de taxi. Son visage avait considérablement changé, vieilli et fatigué. Son regard perdu exprimait une indicible détresse. Il était appuyé contre le mur en face de la porte des Soins. A ses pieds, en petit tas inerte, gisait écroulée, le visage en larmes, une femme, la mère. L'attente devenait pour eux, je l'imagine, une éternité douloureuse.

Nous installâmes notre opéré et, consignes laissées, nous sortîmes ensemble après avoir jeté un œil sur le jeune opéré de la nuit. Pâle, les yeux clos, se laissant ventiler au rythme de la machine, il semblait être de cire : un figurant du musée Grévin. Les bocaux des drains étaient à moitié pleins et le sac à pipi presque vide. Au moniteur la courbe de tension artérielle était aplatie. Des potences pendaient des sacs de globules rouges distillés en lent goutte à goutte. Nous nous sommes regardés sans rien dire.

A notre sortie, l'ouverture de la porte fit sursauter le couple. Je croisais leurs regards le temps d'un éclair. Ils attendaient probablement le docteur E. A notre vue ils reprirent leur position prostrée. Nous avons déjeuné de sandwiches arrosés de thé et de Coca-cola.

L'après midi se passa bien. La chaleur insupportable ne nous épargna pas : la climatisation du bloc était coupée. L'aide opératoire du résident fut efficace. Nous partageâmes ainsi un moment agréable à échanger des propos sur les techniques opératoires et les indications. Je repris mon rôle habituel de professeur. J'avais un élève attentif, curieux et adroit.

Le soir le docteur E. qui avait achevé son programme opératoire de la journée nous rejoignît pour faire le point.

Les nouvelles du blessé étaient médiocres. Un doute subsistait quant à son état cérébral. La jambe opérée restait chaude, et les réparations vasculaires prometteuses.

La ville, nous dit le docteur E., était sous le choc de la nouvelle. La tension montait. Un vent de colère soufflait. Il ne faudrait pas grand-chose pour déclencher des manifestations anti-israéliennes. Eternel équilibre tellement précaire entre la violence et le calme apparent.

Notre journée s'acheva. De retour à notre hôtel, nous étions lessivés. La salle à manger nous fut douce : le vin rouge des pères de la Trappe a su nous redonner du tonus. Dans la salle voisine, un écran géant retransmettait un match de football en direct. A en croire les bruyantes exclamations des spectateurs, ce sport est apprécié dans ce pays. Nous passâmes la fin de soirée sur la terrasse : une lune des mille et une nuits, croissant effilé, en était à son premier quartier.

Le drapeau palestinien en haut de son mât claquait dans la brise : les bandes rouges du sang des martyrs, blanches du courage du peuple, vertes de la terre de Palestine et le triangle noir de la « Nakba » !

23-Jérusalem…

Moshé se remémore son premier contact avec un homme extraordinaire : de ceux que dans une vie l'on peut compter sur les doigts d'une main !

Ce maître des lieux dans la salle de répétition pouvait avoir une quarantaine d'années. Un grand bonhomme aux cheveux bruns coiffés avec une raie, une mèche rabattue sur la gauche : elle lui volait sur les yeux comme une aile d'oiseau lorsqu'il se laissait emporter par la fougue de la direction de l'orchestre et de la chorale. Sous des sourcils épais le regard était intelligent et vif dans des prunelles noires. Il avait le nez droit. La mâchoire et le menton bien marqués signaient la détermination et la volonté. De nationalité germano-tchèque, son père, avocat, avait épousé une juive allemande, sa mère, qui lui avait inculqué sa culture musicale : à onze ans il devait déjà faire jouer par l'orchestre de Salzbourg une de ses premières compositions. De sang mêlé, demi-juif par ses ascendants, il devait être emprisonné par les nazis. Sa notoriété lui valut d'être incarcéré à Terezin. Ce musicien et compositeur se nommait Hans Krasa. Sa formation musicale au Conservatoire de Berlin, à l'Académie allemande de musique, puis à Paris, lui avait conféré une notoriété européenne !

Moshé n'oubliera jamais sa première rencontre avec Hans. Après bien des hésitations, encouragé par ses parents, il avait osé franchir le seuil de la salle de répétitions. L'hypocrisie du système carcéral nazi à Terezin frôlait la caricature : une vie de ghetto sous strict contrôle faite d'une liberté apparente destinée à donner le change quant aux réels buts de la déportation. Les Allemands avaient finalement autorisé la constitution de l'orchestre et des chœurs afin de s'en servir comme « vitrine » vis-à-vis des instances telles que la Croix Rouge Internationale.

Hans était au piano, entouré d'un groupe de jeunes juifs. Evacués d'un orphelinat, ils avaient été rassemblés à Terezin. Hans les connaissait pour avoir déjà débuté les répétitions d'un opéra qu'il avait composé à leur intention. Moshé, timide, s'était avancé. Lors d'une pause des chanteurs, il avait osé fendre leur groupe pour demander avec une petite voix s'il pouvait chanter avec eux. Hans penché vers lui avait tendu une main franche et avait souri pour le mettre à l'aise.

- Comment t'appelles-tu, jeune homme, et quel âge astu ? lui demanda-t-il.

- Je m'appelle Moshé et j'ai huit ans, lui dit-il à voix basse.

-Si tu veux chanter, il faut au moins que j'entende ta voix, mon petit gars. As-tu déjà fait partie d'une chorale ?

Moshé se racla la gorge. Plus distinctement, il lui dit avoir chanté à l'école de son quartier, mais pas en chorale.

Les autres enfants s'étaient égaillés dans la salle et conversaient par petits groupes.

- On va essayer de te faire chanter avec nous. Il faut que j'écoute le timbre de ta voix. Que connais-tu comme chanson ?

Les paroles d'une comptine apprise en classe revinrent aux lèvres de Moshé. Prenant son souffle, il en égrena chaque couplet avec une voix claire et haut perchée. Il chantait juste. Hans dodelina du chef avec un sourire d'acquiescement.

- Je te prends, dit-il. Il va falloir que tu apprennes les paroles de l'ouvrage que nous travaillons depuis quelques jours. Tu vas avoir du pain sur la planche, tu sais.

- Moshé respira un grand coup. Le regard brillant de joie il remercia poliment. Les jours suivants il s'intégra au groupe des autres enfants dont il se fit rapidement des copains. Avec ce nouveau but le quotidien de sa vie à Terezin lui sembla plus supportable.

L'œuvre à travailler passionna Moshé, venant rompre la monotonie journalière. Il s'agissait d'un opéra pour voix d'enfants dont Hans avait composé la musique quelques années auparavant. Le livret avait été rédigé par son ami le poète Hoffmeister. Le titre en était « Le ronchon, Brundibar ». Au concours d'opéra, l'œuvre avait été exclue du fait des idéologies antisémites du moment. La déportation à Terezin donna à Hans l'opportunité de le remanier afin de l'adapter à ces circonstances dramatiques.

Les infortunés habitants de Terezin, complices de cette réalisation, avec les moyens du bord et beaucoup d'ingéniosité confectionnèrent les décors pour la mise en scène.

Moshé était noyé dans le groupe anonyme des chanteurs de la chorale. Il aurait rêvé d'avoir assez de talent pour être le partenaire de la belle adolescente aux cheveux blonds qui incarnait Anicka avec beaucoup de charme et une voix de sirène. Mais le rôle de Pepicek incombait à un garçon plus âgé que lui et à la voix plus formée. Il se sentait fiévreux et plein d'amour pour le beau visage encadré de nattes de la chanteuse. Celle-ci, toujours très gentille avec lui, était bien loin de penser à tout le feu qu'elle attisait malgré elle dans le cœur de ce petit bonhomme : il s'inventait un monde dans le pays du rêve. C'était sa façon à lui de s'échapper de cet enfer.

…Au fil des ans, Moshé n'a rien oublié. Il se dit que cette fillette, disparue un beau matin dans un convoi l'emportant au hasard des listes vers l'Inconnu, fut son premier amour : elle fit battre son cœur d'une façon telle qu'il ne l'avait jamais ressentie auparavant. Elle était morte à Auschwitz. Elle avait quinze ans.

Le vieil homme se remémore souvent, avec toujours le même pincement au cœur, les différentes représentations données dans le camp. Toute la petite équipe, au complet, quelques minutes avant le lever de rideau, était passée en revue par Hans. Comme un général fier de ses troupes, il les encourageait de sa bonne humeur et de ses paroles. A aucun moment, il ne laissait paraître une quelconque tristesse. Il voulait, aux yeux de ses musiciens et chanteurs, afficher le visage de l'espoir.

…Moshé est absorbé par ses pensées. Il en aura des histoires à raconter à son premier petit-fils : il faudra, se dit-il, les lui raconter souvent pour qu'il puisse s'en souvenir. Il se sent la mission d'un coureur de fond, en fin de parcours devant impérativement passer le témoin de ce que fut sa vie pour que vive la mémoire : la sienne propre et celle de tous les disparus qu'il a pu rencontrer.

L'histoire de « Ronchon » sera plus facile à raconter à l'enfant. C'est un conte pour les petits. Le reste de l'histoire n'est que la sordide réalité de ce qu'est capable de créer le délire des hommes : un cauchemar !

Moshé se dit que bien plus tard, si Dieu lui prête vie, il conterait à l'enfant ce qu'avait pu être l'angoisse des départs dans les convois de la mort ! Des départs dont l'aléa restait déterminé par la présence ou non de son matricule sur le sinistre listing.

Une odieuse roulette tournant chaque semaine, se jouant aveuglément des destins. Etablie sous l'égide de Paul Epstein, président du Conseil des Anciens du ghetto, une liste était fournie à la Kommandantur nazie des personnes devant constituer les passagers du prochain voyage. Des négociations de dernière minute, à l'annonce de celle-ci, permettaient à certains d'en être radiés. Les autres, hommes, femmes ou enfants, rassemblant leurs modestes paquetages, se rendaient dans les cours de l'appel pour les ultimes vérifications précédant le départ. Les promesses d'un retour vers la Terre Promise pouvaient sembler crédibles. Certains s'accrochaient à cet espoir. Les autres, plus réalistes, n'espéraient guère plus que la survie dans un autre camp. L'idée de la mort ne devait traverser les esprits que beaucoup plus tard, à l'issue d'un évènement non prévu par les nazis. L'arrivée d'un groupe d'enfants venus de Pologne : ceux-ci, conduits dans les bâtisses de douches et de désinfection avaient eu une réaction incroyable. Refusant obstinément de se dévêtir, avec des pleurs terrorisés, ces enfants se roulaient par terre en tremblant. Ayant vu les pommes des douches, ils craignaient d'être gazés ! Ils venaient de camps d'extermination et étaient au courant du subterfuge présentant la désinfection comme systématique à l'arrivée : docilement les nouveaux venus se laissaient ainsi conduire dans les salles de la mort. Des douches sortait le Cyclon B. Cet épisode diffusé dans le camp semblait inconcevable pour un esprit normal, la crainte d'une destruction systématique et quasi industrielle semblait irréaliste. Aucune nouvelle des précédents voyageurs n'étant parvenue à leurs familles restées à Terezin, le terrible doute subsistait. Le rôle de président du Conseil des Anciens lui imposait une collaboration forcée. Croyant initialement à un départ pour un nouveau pays à construire, les premières listes avaient compté les noms des plus jeunes et des plus forts de la communauté, avec comme arrière-pensée, l'idée d'un monde meilleur à bâtir. Les premiers défricheurs d'un nouveau pays devaient être en état de le construire !

L'incroyable nouvelle d'une extermination possible devait, dans l'intimité des réunions du conseil restreint, induire une inquiétude et remettre en question les choix. Le silence hermétique des interlocuteurs nazis à cet égard n'avait rien de rassurant. Le camp d'internement de Terezin, au sein des murs épais de l'antique citadelle des Habsbourg n'était donc qu'un site de transit surpeuplé. La terrible responsabilité de la constitution des listes apparut dans toute son horreur.

Ces multiples éclats d'un puzzle complexe échappaient aux yeux de l'enfant Moshé. Son soleil quotidien était sa participation à la chorale de Hans. Il n'était que poussière dans la tourmente de ces années de guerre. Des années plus tard ces incompréhensibles pièces devaient finalement s'imbriquer pour tisser la trame de cette tragédie. Moshé, à la découverte de la vérité consternante restait pétrifié et incrédule en mesurant à quel point le destin l'avait épargné. Il devait aussi apprendre que ces aînés du Conseil des Anciens, témoins gênants, avaient tous été supprimés. Le premier liquidé fut justement J.Ebstein : ayant tenté de sauver quelques vies, convaincu de non collaboration, il le paya de la sienne. Sa femme et son fils furent assassinés sous ses yeux avant qu'il soit lui-même fusillé. Moshé ne l'apprit que plus tard à la levée du voile sur ces pans sinistres de l'Histoire.

A cette époque, pour l'enfant Moshé, chaque jour se résumait à garder le contact avec ses parents et à tenter de survivre.

Son quotidien était éclairé heureusement par son activité musicale. Il s'y adonnait avec une joie candide et fière. Au fil des répétitions l'opéra mûrit pour atteindre un excellent niveau : professionnels et amateurs tentaient de peupler le présent des plus jeunes sous l'œil vigilant de son chef et créateur.

24-Ramallah…

Le silence de la nuit fut tout à coup brisé par un remue-ménage dans le quartier. Par la fenêtre entrouverte pour laisser entrer la fraîcheur de la nuit, monta un bruit de galopade et une marée d'éclats de voix. Mahmoud et Aicha se regardèrent silencieux : dans leurs yeux, l'éclat sombre de l'angoisse.

Une prémonition peut-être ?

Leur fils ne serait-il pas en cause ?

S'était-il passé quelque chose de grave expliquant, à cette heure tardive, cet inhabituel brouhaha ?

La probabilité d'une relation entre cette cohue et Khalil était faible. Un sixième sens, en eux, s'était cependant éveillé, les alarmant et leur faisant craindre le pire : le climat politique était tendu. D'un seul mouvement ils se levèrent pour aller à la fenêtre.

Un groupe agité d'une cinquantaine de personnes se dirigeait vers leur immeuble : jeunes garçons en T-shirt et jeans avec keffieh et filles portant l'hijab. Tous vociféraient et hurlaient des slogans anti-juifs : le mot de vengeance revenait, scandé avec violence.

Mahmoud prit la main d'Aicha. Par ce contact rassurant il exprimait inconsciemment sa solidarité de couple. Il pressentait un drame. Tous deux tentaient de distinguer dans ces silhouettes celle de Khalil qu'ils attendaient.

D'autres voisins étaient maintenant à leur fenêtre, ameutés par la troupe en colère. La foule se concentra au pied de l'immeuble : attroupement revendicateur. Une cavalcade envahit la cage d'escalier. Mahmoud et Aicha n'avaient toujours pas identifié leur fils dans la semi-obscurité. Leurs regards se croisèrent. Le plus analphabète des individus aurait pu sans erreur y déchiffrer le désespoir.

Déjà on frappait violemment à leur porte. Le murmure sur le palier cessa brutalement lorsque Mahmoud ouvrit pour reprendre ensuite dans une totale cacophonie. Tous les visages étaient crispés de colère. Dans la semi-obscurité de la lampe palière les ombres projetées sur les murs semblaient autant de sorciers en sabbat. Ces silhouettes véhémentes n'auguraient rien de bon. L'ébullition de cette cohorte d'agités retomba. Un des plus âgés du groupe, la trentaine d'années peut-être, prit la parole. Le silence des accompagnants, attentifs à ses propos, ne les rendit que plus audibles et tranchants : froide et incisive pénétration d'une lame !

- Khalil vient d'être conduit en urgence à l'hôpital. Il est arrivé un pépin ! Les salauds de juifs ! Il était au Mur ! Il était au pied du Mur…

Atterré, pétrifié par cette nouvelle, Mahmoud n'arrivait pas à en saisir le sens. Aicha derrière lui s'appuya sur le chambranle de la porte, pâlit et se laissa glisser au sol avec le hurlement déchirant d'un animal blessé.

Le Mur, le Mur…

Le brouhaha reprit de plus belle dans la cage d'escalier envahie. Les voisins, curieux, ouvrirent leurs portes pour se joindre aux lamentations et aux récriminations.

Mahmoud, hébété, releva son épouse aux intarissables pleurs et gémissements. Rentrant dans la pièce en la soutenant dans ses bras il l'allongea sur le canapé. Elle se laissa faire, reprenant ses jérémiades, se griffant le visage du bout des ongles en hurlant le nom de son fils.

Tirant la porte derrière lui, Mahmoud revint sur le palier pour se faire préciser ce qui s'était passé.

Un des jeunes, keffieh en bataille, les yeux noirs de haine et de courroux lui expliqua :

-Nous étions partis avec des bombes de peintures de carrossiers pour taguer leur maudit Mur. Nous avions commencé à badigeonner nos slogans lorsqu'un projecteur nous est tombé dessus nous clouant dans son faisceau. Un haut-parleur nous cracha l'ordre de quitter cette zone. La voix semblait venir d'un mirador situé à une cinquantaine de mètres. La lueur du phare nous aveuglait et nous empêchait de voir qui nous parlait. Nous étions environ une dizaine. Les israéliens n'aiment pas ces attroupements qu'ils considèrent toujours comme suspects. Ils nous intimèrent à nouveau l'ordre de dispersion. Cette altercation ne fit que nous engager à rester sur place : c'est « leur » Mur, mais il est sur « notre » sol ! Ils n'avaient pas à nous interdire d'être là ! Nous sommes chez nous, sur ce qui nous reste de terre palestinienne ! Le ton est vite monté. Les menaces commencèrent à fuser. Tout à coup une rafale de mitraillette est partie de la tour : des fuseaux oranges en éclairs. Nous avons d'abord cru qu'il s'agissait de tirs de dissuasion, en l'air ! Il n'en était rien. Ces pourris nous alignaient comme au stand de tir : nous avons entendu les balles siffler à nos oreilles et nous nous sommes mis à courir. Cela commençait à sentir mauvais. Khalil s'est enfui avec nous. Tout d'un coup il a mordu la poussière, fauché dans sa course.

Le jeune homme parlait un tremblement nerveux dans la voix. Les mots sortaient hachés. Comme autant de projectiles ils frappaient Mahmoud. Il reprit son souffle, inspira longuement pour se calmer et continua le récit.

-Nous leur avons hurlé d'arrêter. Ils semblèrent avoir compris. Le silence se fit. Le projecteur s'éteignit nous laissant aveugles. A deux pas de nous, votre fils râlait ; blessé à la cuisse ! Nous sommes revenus sur nos pas pour relever Khalil et le porter : il saignait abondamment. Les jambes de son jeans en étaient poisseuses. Nous avons comprimé et l'avons déposé dans le premier taxi que l'on a pu arrêter pour le faire conduire aux urgences de l'hôpital municipal. Il hurlait de douleur à chaque secousse. Il semblait très faible. Il a perdu connaissance à son arrivée. Il a été immédiatement transporté au bloc opératoire. Il y est en ce moment ! Ils sont en train de le réanimer et de l'opérer.

Mahmoud avait pâli, assommé. Il s'appuyait à la porte palière et recevait ces informations comme à travers un épais voile de feutre. Les mots entendus n'étaient compris qu'avec difficulté. Il était submergé par la perception en vrac d'une cascade de nouvelles à ranger en ordre cohérent. Voilà bien des jours qu'il appréhendait, de la part de son fils, un acte de rébellion vis-à-vis de cette muraille dont l'érection lui semblait insultante. Il en avait le sombre pressentiment et redoutait le pire. L'abcès avait crevé et sous une forme mineure : peindre ses récriminations à la bombe sur le Mur ! En grand, à la vue de tous, sur ce béton gris qui barre l'horizon ! Un geste de gamin révolté, si anodin. Il voulait exprimer sa colère à sa façon : dire au monde qu'il en avait plus que marre d'être cerné par la bêtise, qu'au vingt et unième siècle la vue ne doit pas buter sur une telle infamie, qu'il maudissait ces architectes constructeurs de prisons, ces faiseurs de camps retranchés !

La disproportion entre un badigeonnage revendicateur de gamins et les réponses violentes des brigades de surveillance du Mur à ces protestations d'enfants exaltés consternait Mahmoud et lui semblait inconcevable. Et c'était bien de Khalil, son propre fils, qu'on lui parlait. Cela avait eu lieu cette nuit. Peut-être à cette heure son enfant était-il mort ou du moins jouait-il sa vie ? Un évènement du même acabit que ceux survenus en Allemagne avec les gardiens du Mur, les « vo. pos ».

L'horreur des Murs !

De tous les Murs !

Et les chirurgiens devaient pétrir les chairs pantelantes de son fils pour y recoudre la vie. Mahmoud, comme un boxeur dans les cordes, se sentait anéanti par cette nouvelle. Blessé dans son propre corps. Cet être qui lui était le plus précieux au monde, ce fils adoré dont il était si fier allait peut-être lui être irrémédiablement dérobé.

Les assassins !

Ses premières pensées furent les reproches qu'il se fit. Il avait donc échoué à le convaincre, malgré les longues conversations qu'ils avaient eues. La « non-violence » en tant qu'action de masse à la face du monde semblait aux yeux excités de Khalil un inutile soubresaut. Il jugeait ces gestes de révolte simplistes et inutiles.

-De la faiblesse, disait-il !

Mahmoud se sentait totalement responsable de ce qui venait d'arriver. Il mesurait son échec à l'aune du drame de cette nuit.

Trop tard ! Il était bien trop tard.

Il fallait faire face. Il se retourna sans un mot, franchit la porte de son appartement qu'il referma sur le groupe du palier. Celui-ci reflua dans la ruelle. Tous s'en allèrent vers l'hôpital. Le son de leur voix se dilua dans la nuit.

Aicha, ayant tout entendu, pleurait, toujours affalée sur le canapé, le visage dans les bras, échevelée. Mahmoud se penchant sur elle, la prit dans ses bras. Il tenta de la calmer et lui parla avec douceur l'exhortant à se ressaisir.

-Tu verras, ils vont le sauver. Allah est avec nous, j'en suis sûr !

Il n'en pensait pas un mot, craignait le pire et n'osait espérer. Il prenait sur lui, ramassant son courage de toutes ses forces afin de ne pas se laisser aller, lui aussi à pleurer. Un homme ne doit pas montrer ses faiblesses, pensait-il.

Il réprimait difficilement ses larmes : larmes de dépit, de chagrin, de colère, d'impuissance, de regret, de douleur. Tous ces sentiments se mêlaient en lui comme un ouragan dévastateur.

Il était plus de trois heures du matin lorsque Mahmoud et Aicha sortirent, traversant les couloirs déserts de l'immeuble à nouveau endormi.

Ils allèrent à la voiture. Le taxi de Mahmoud démarra en trombe pour gagner l'hôpital.

25-Jérusalem…

Même sous le soleil de Jérusalem le passé de Moshé resurgit toujours et le poursuit. Le vieil homme se sent toujours déchiré. Il ne peut que contempler son enfance avec tristesse. Au fil du temps, dans les murs de Terezin il avait compris que les beaux jours du Prague de ses premières années étaient à jamais perdus. L'école de la vie, même aride, reste la plus fructueuse. L'apprentissage de la survie jours après jours devait modeler sa façon d'être et de penser.

Il vit son père partir quotidiennement à l'aube et par les temps les plus rigoureux aux dures corvées de voirie, pelle et pioche sur le dos, amaigri et le teint terreux. Il vit sa mère changer : certes pour Moshé, elle gardait son beau sourire. Ses yeux reflétaient toujours la joie de l'instant partagé avec lui mais ses traits avaient changé. Les rides sculptaient sans pitié son visage. Les cernes enfonçaient son regard au fond d'une face vieillie. Il avait toujours aimé la coquetterie de sa maman : elle était pour lui la plus belle des femmes. S'il l'embrassait son parfum était enivrant. S'il se lovait dans ses bras en faisant un peu le bébé et qu'elle le choyait un moment il aimait sentir contre lui l'empreinte de l'odeur maternelle prolongeant l'instant au-delà de l'étreinte.

Sa mère, telle qu'il la revoit du plus profond de sa mémoire lors de ses derniers jours n'avait plus cette féminité qu'assure le confort. Ses vêtements toujours propres mais usés jusqu'à la trame laissaient voir les multiples ravaudages. Elle vieillissait trop vite en proie à la fatigue, aux maladies et à la dénutrition.

Rétrospectivement seulement Moshé avait pu mesurer l'amour de sa mère réalisant à quelles privations elle se soumettait pour lui offrir ce qu'elle soutirait de sa ration.

L'enfant gourmand, car affamé, ne réalisait pas à cette époque que le prix à payer pour ces dons était celui de la vie ! Il avait toujours faim, Moshé, à cet âge auquel les impératifs de la croissance créent tant de besoins.

La surpopulation du camp était telle que, jour après jour, les pénuries rendirent la survie problématique.

Les enfants en bas âge, les personnes les plus âgées ou les malades payaient le plus lourd tribut. Transférés au bâtiment d'« infirmerie » qui n'en avait que le nom, ils mouraient misérablement. Praticiens et infirmiers ne pouvaient que consoler, étant dépourvus de médicaments : chaque jour, les prisonniers de corvée ramassaient et entassaient les corps sur une charrette à bras. On en entendait les funèbres grincements de roues sur les pavés. Acheminés hors du camp, ils étaient destinés à la fosse commune.

Le père de Moshé rentrait à la nuit au terme de travaux harassants. Il regagnait le pavillon des hommes. Les sentinelles tchèques de la milice armée convoyaient les travailleurs : de longues files d'ombres voûtées. Autant de fantômes exaspérés par les appels et contre-appels, guettés par la mort. La sous-alimentation en avait fait sous leurs oripeaux de tristes épouvantails à moineaux.

La gestion scrupuleuse de ces esclaves se faisait dans la cour principale ou dans le sas d'entrée surnommé la « Schleuse », l'écluse ! Elle allongeait considérablement la journée : les stations debout dans le froid n'étaient que pure torture. La pointilleuse paperasserie germanique gérait chaque individu de son entrée dans le camp jusqu'à sa mort. Tout était à jour, scrupuleusement annoté. L'effectif de ces travailleurs restait stable : de nouveaux arrivants compensaient ceux qui décédaient à la peine ou ceux destinés aux « convois » hebdomadaires. Plus le temps passait, plus le doute s'insinuait dans les esprits quant à la fin de ces voyages : aucune famille ne recevait de nouvelles de ceux qui étaient partis. Ce silence faisait craindre le pire.

Moshé et les autres enfants étaient autant que possible tenus à l'écart des angoisses de leurs aînés.

Au fil des ans Moshé prit conscience de cette fantastique et courageuse attitude des parents pour tenter de préserver leur progéniture.

Il était tout à sa chorale. Du matin jusqu'au soir il ne pensait qu'aux rendez-vous de répétitions. Bien que petit chantre anonyme dans le groupe, il se sentait partie d'un Tout et par cela utile et fier. Avec détermination le maestro avait pu recréer un véritable orchestre. La plupart des musiciens venant d'orchestres connus étaient de grande qualité. L'un des violoncellistes avait même introduit son instrument en pièces détachées dans le camp. Il l'avait ensuite remonté au nez et à la barbe des gardiens. Des ateliers de dessin avaient été mis à contribution pour établir les décors de l'opéra pour les enfants.

...Devant les baies vitrées contre lesquelles le soleil de Judée vient frapper avec une douce chaleur, devant la verdure parfumée des citronniers et des orangers aux fruits lourds, Moshé reste songeur. Sa vie d'enfant dans le camp fut supportable par le miracle de la musique : la baguette de Hans qu'il admirait était vraiment magique déployant un paravent masquant un peu la réalité journalière.

Plus tard, l'horreur des faits et la douleur d'avoir vécu cet enfer sans en avoir mesuré sa juste amplitude restèrent gravées en lui. Il en est harcelé : sa vie en est tatouée. Le paradis dans lequel il vit lui fait d'autant plus mal qu'il a inconsciemment la sensation de l'avoir volé quand tant d'autres comme lui l'auraient mérité. Si ses enfants ont été élevés dans un devoir de mémoire relatif (car il tentait d'oublier ne voulant pas leur faire porter le poids de ses malheurs et de ses souvenirs de vieil homme), il espère parler de son enfance à son petit-fils lorsqu'il sera plus grand. Les générations passent. Les passions heureusement s'apaisent. Les drames du passé en entrant dans l'histoire diluent leurs contenus affectifs et deviennent des anecdotes...

-Dis, raconte-moi, Papy...

26-Journal (suite)

Soleil rouge ce matin sur les collines de Judée. Il fait encore bon car la fraîcheur de la nuit perdure. Notre séjour avance et pour le moment la situation est sous contrôle. Nos premiers malades ont quitté le secteur de réanimation pour regagner leur chambrée. Ils ont entrevu ce qu'était l'hôpital moderne avant de retourner dans la chaleur des turnes, retrouver les sommiers rouillés et les matelas défoncés. Toute ma petite équipe est de bonne humeur, ayant récupéré des fatigues de la veille. Un employé de l'hôtel est déjà en train de nettoyer la piscine en mettant en route le robot. Un autre arrose les hibiscus et les bougainvillées. Pas de vent. Les drapeaux de la Palestine tombent comme des chiffons mouillés sur les hampes.

- Qui sait comment nous allons retrouver le gosse blessé qu'a opéré le docteur E… hier ?

- Il était bien mal en point, nous dit Jeanne.

-Je crains pour sa jambe, elle avait une sale couleur, répond Pierre.

- Oui, mais au-delà de l'amputation de cuisse qui le guette, je crains qu'il ne joue sa peau. Toujours intubé sous machine, il ne semble pas donner de signe de réveil. Il n'a aucune réaction à la douleur. Il n'a rien comme sédatif. Peut-être la cervelle a-t-elle fumé dans l'affaire ?

- Pour avoir fait un arrêt cardiaque à l'arrivée il a dû beaucoup saigner, dit Pierre.

Marie reste silencieuse et hoche la tête avec une grimace.

- La poche à pipi était presque vide. Les urines avaient la couleur brune de la Guinness ! Il va sûrement falloir le « passer à la lessiveuse ». Je ne sais s'il pourra en bénéficier ici, dit Jeanne dubitative. Tu crois qu'ils ont un rein artificiel ?

- C'est quand même malheureux de laisser sa peau si jeune et pour si peu de chose, affirme Marie. Quelques tags sur leur Mur ! A Berlin, lorsque je me suis promenée le long du Mur, de la porte de Brandebourg à Check Point Charlie, la face ouest était totalement peinte : chacun y avait exprimé horreur et révolte !

- Quelle fâcheuse manie ont les hommes de s'entourer d'un Mur ou d'emmurer les autres ! De toute façon cela revient au même. A croire que les Juifs ont la nostalgie de certains camps et sont un peu masos ! dit Pierre.

-Effectivement, rétorquai-je. Le soir lorsqu'on rentrait de Jérusalem en longeant cette longue muraille de béton, j'ai revu les images de nos livres d'histoire : miradors, barbelés, projecteurs. L'Histoire est un éternel recommencement sans que l'on sache en tirer les leçons. Rendez-vous compte, les deux guerres : entre celle de quatorze- dix huit qui devait être la dernière et celle de quarante, seulement vingt-deux années !!! Même pas un changement de génération ! Mon grand-père comme peut-être les vôtres s'en est « tapé » deux en suivant : beaucoup pour un seul homme !

Et Marie comme Jeanne d'acquiescer.

- Une vieille habitude qu'ont les hommes de s'étriper ! Elle n'est pas près de leur passer : la condition humaine n'est qu'un masque : grattez le vernis alors apparaît l'animal sauvage en quête de territoire ! dit Pierre.

- C'est aussi leur excuse, aux animaux ! Ils le font pour assurer leur survie. Les hommes, c'est pire : ils pensent, ont le malheur de croire et sont prêts à tout au nom de leur Foi ! Lui répondis-je. C'est une insulte à l'intelligence que ce Mur. Sa présence même ne fait que rendre les possibilités de paix encore plus aléatoires.

Pierre se lève et marche de long en large devant nous.

- Comment les Palestiniens peuvent-ils accepter sur leur sol cette construction inique, dit-il. En leur rappelant quotidiennement leur spoliation, c'est une provocation omniprésente. J'ai un de mes amis juifs : je vais lui montrer les photographies. Je suis curieux de voir ce qu'il en pense !

- La réaction de ce gosse est puérile mais logique, dit Jeanne. C'est un mouvement de révolte primaire regrettable. Ce ne sera sûrement pas le dernier.

- En tout cas, ajoutai-je, cette utilisation d'acier et de béton a dû en enrichir pas mal. Il en a été de même dans la construction de la ligne Maginot qui, elle, n'a servi à rien. La guerre est un business profitable. Cela aussi est une constante humaine. La collusion politique et fric reste souvent occulte mais certaine.

Nous en étions là de nos lieux communs et de notre philosophie matinale de trottoir lorsque le chauffeur de l'ambulance vient nous chercher frappant dans ses mains avec un grand sourire sous son épaisse moustache noire. Il nous fait signe. Chacun prend son sac et l'on embarque. Je me mets dans l'arrière du fourgon avec les deux filles. Pierre se hisse à côté du conducteur, et, se penchant par la petite fenêtre qui donne vers nous, ordonne :

-Conduisez-les à l'asile psychiatrique, en vitesse ! Ils sont dangereux ! Ayant alors trouvé le bouton déclenchant la sirène, il s'amuse comme un fou à réveiller les dormeurs de l'hôtel. Notre départ ne passe pas inaperçu !

Devant l'hosto, près du portillon, il y a déjà un attroupement. Une vingtaine de personnes de tout âge. Des femmes voilées parlent avec une volubilité rythmée de grands gestes. Les hommes à l'écart font un groupe plus calme. Ils fument nerveusement. A côté d'eux, les plus jeunes qui fument aussi, keffieh en bataille ou casquette à l'envers sur la nuque sont assis sur la murette. Leurs visages sont fermés et durs.

Nous nous faufilons entre eux. L'on perçoit, lorsqu'ils s'écartent pour nous laisser le passage, une tension palpable. Une colère difficilement contenue semble les étreindre. L'attente exacerbe leur patience.

Dans le hall, encore des petits groupes, sous le regard insolent de Wayne-Arafat !

Nous gagnons la salle de réanimation en franchissant les grilles du couloir  y conduisant et en sonnant. Une serrure de sûreté évite les incursions pirates des familles envahissantes. Des pas glissés de sabots : une infirmière nous ouvre sans sourire. Elle est préoccupée. Nous passons en revue, dans cette visite du matin, nos opérés de la veille. Les malades éveillés et extubés sont contents et sourient. Le malheur des uns ne touche pas ceux qui se sortent juste de leur propre infortune. Chacun pour soi ! Ils nous tendent une main chaleureuse et la portent ensuite sur leur poitrine balafrée. Un salut rituel, un beau geste : je vais vers toi et je te mets dans mon cœur !

Les dossiers de suivi sont parfaitement tenus.

Nos patients n'ont pas posé de problème cette nuit. Le jeune résident qui les a eus en charge est là pour faire le point avec nous : niveau de saignement dans les drains, analyses de sang et d'urine, tracé électrocardiographique et radiographie du jour. Pour nous tout va pour le mieux. Espérons que la journée qui vient nous portera chance.

Nous sentons le personnel tendu. Autour du lit du jeune garçon blessé il y a blouses et voiles. Le médecin de garde nous explique que la situation se détériore. Depuis plusieurs heures les urines se sont taries. La tension artérielle est basse malgré les médicaments instillés avec des seringues électriques et malgré les transfusions de sang. Le coma reste profond sans signe d'éveil.

Jeanne s'approche et lui pince le mamelon entre deux doigts : ceci n'entraîne qu'un mouvement de rotation interne des bras et des mains.

-Il « fait de la moto ». C'est mauvais signe dit-elle.

En effet  ces mouvements similaires à ceux d'une accélération sur la poignée d'un cyclomoteur signent une atteinte profonde et souvent irréversible des fonctions cérébrales.

Le lien était évident entre cet état précaire du jeune homme et l'angoisse et la colère contenue des soignants.

De même s'explique l'attente un peu hargneuse des groupes croisés devant l'hôpital.

Nous nous sommes regardés en silence. Je pense que chacun de nous avait fait son pronostic : pour ce pauvre enfant, la « messe était dite » ! Une victime inutile.

Comme dans une cocotte-minute sous pression couvait un sourd courroux au fil des heures d'attente du verdict.

Nous gagnâmes notre « suite présidentielle » et les salles d'opération. Nous nous mîmes en tenue de bloc avec des pyjamas verts tout propres.

Dans la salle d'opération, les infirmiers anesthésistes avaient commencé la préparation du premier opéré du jour. Des pontages coronaires. Dans un cliquetis métallique, l'instrumentiste portant masque et calot par-dessus l'hijab installait ses outils sur les champs stériles avec application.

Le « marquis » nous fit un accueil chaleureux et se précipita pour se laver les mains afin de ne pas perdre l'opportunité de m'aider. Je laissais mes collaborateurs parachever les préparatifs et allais prendre un café, le premier de la journée, dans notre « suite ».

J'y retrouvais le jeune résident qui avait passé la nuit de garde en réanimation : il était pâle, semblait épuisé. Effondré dans un fauteuil il était liquéfié. Il avait comme nous fait son pronostic : les heures de vie du jeune blessé au chevet duquel il avait passé la nuit dans un combat difficile pour le réanimer étaient comptées. Il était consterné d'une telle destinée.

-Ça va chauffer à Ramallah, me dit-il. La population est en irritée de ce crime. Ce jeune mort sera un martyr de plus aux yeux du monde. Si seulement l'opinion internationale pouvait être clairement informée de ce que nous subissons quotidiennement. La presse est muselée

Elle appartient au lobby. Les infos sont frelatées. Ce sera, continua-t-il, une victime de plus mise sur le compte de la provocation ou d'un accident regrettable.

Chacun des ces évènement constitue une étincelle de plus pouvant mettre le feu aux poudres.

-Vous savez, me dit-il, bien que je les désapprouve, je les comprends : le sacrifice du kamikaze n'est que l'ultime manifestation du désespoir. Il s'agit moins de fanatisme religieux comme on veut nous le faire croire que d'exaspération. Ils n'ont plus rien à perdre !

Le regard vide, il continuait inlassablement son monologue :

-Et puis, vous savez, il y a l'insoutenable surenchère, la loi du Talion : œil pour œil… Un cercle vicieux finit par s'instaurer, s'emballe et donne le vertige.

-Je pense, dit-il poursuivant son monologue en me regardant, que la majorité des Palestiniens voudrait simplement retrouver une vie quotidienne décente, dans une cohabitation paisible avec les Juifs. Car la nécessité d'une cohabitation reste une évidence. Elle apparaît à long terme comme inévitable.

Mais quelle génération la verra?

Il se lève, porte un regard lourd de fatigue sur les toits de Ramallah hérissés de minarets et de quelques clochers, hausse les épaules et va se resservir un verre de café noir. Il remplit le mien. Nous buvons en silence à petites gorgées le breuvage bouillant. La porte s'ouvre et interrompt nos méditations.

Pierre entre et annonce du ton d'un maître d'hôtel stylé :

- Maître, la table est mise ! Vous pouvez y aller avant que le marquis ne se déchaîne.

A son tour il se sert un verre de café.

- Je vais me reposer deux heures et cet après-midi je viendrai vous aider pour le cœur suivant, me dit le résident.

A tout à l'heure !

27-Ramallah…

Ramallah s'éveille : la nouvelle de la mort du jeune blessé s'est déjà propagée.

La mort d'un innocent, toujours terrible dans de telles circonstances, révolte et consterne toute la population : les plus jeunes ont l'âge du défunt, les aînés auraient pu être ses parents ou grands-parents.

Hérissant les consciences elle sécrète une sourde colère difficile à contenir. Celle-ci est plus contagieuse que la peste, non jugulable et capable d'engendrer des révolutions.

Chacun avait saisi que la fin était proche.

Le chirurgien, au fil des dernières heures, avait tenu Aicha et Mahmoud au courant des difficultés de la réanimation et des risques encourus. Aussi bonne que soit la préparation psychologique et aussi froide que soit la vision de la réalité, il n'en restait pas moins que les parents, au fond d'eux-mêmes, avaient la même étincelle d'espoir que l'étincelle fragile de vie de leur enfant. La Destinée reste maîtresse des cartes : les jeux sont faits dès la naissance. Même imprégnés de cette idéologie, ils avaient encore l'espoir d'un atout ou d'un joker entre les mains de Dieu !

Il n'en fut rien !

Mahmoud et Aicha apprirent le décès de leur fils unique de la bouche même du docteur E… Il devait être près de dix heures du soir. Ils n'en pouvaient plus, décomposés par le manque de sommeil des jours précédents et l'angoisse de l'attente. Ils étaient dans la salle d'attente depuis la fin de l'après-midi. Ils savaient bien qu'ils étaient inutiles, mais le fait de savoir leur fils luttant contre la mort juste derrière le mur contre lequel ils étaient assis leur semblait justifier leur présence à cet endroit. Ils l'avaient vu un instant pendant la visite autorisée, l'un après l'autre. Ils avaient mis les sur-chaussures et la blouse verte, pour suivre l'infirmière au chevet de Khalil.

Celui-ci, aussi blanc que ses draps, gisait dans l'inertie minérale d'un coma profond. Seule sa cage thoracique se mouvait au rythme lent du respirateur auquel il était branché. Des seringues électriques et des flacons suspendus à des potences maintenaient encore une étincelle de vie furtive et artificielle. Le docteur E… qui avait passé de longues heures au chevet de l'enfant avec toute son équipe de réanimation avait fait entrer les parents dans son bureau. Les ayant fait asseoir et ayant fermé la porte, il avait pris place dans le fauteuil derrière sa table de travail. Il jouait nerveusement avec le capuchon de son stylo. Son silence prolongé était perçu par Mahmoud comme une menace. La crainte du pire à entendre.

Le médecin commença à parler avec des mots simples et faciles à comprendre. Sans masquer la réalité, il leur décrivit la longue lutte de son équipe pour tenter au fil des heures de garder en vie le jeune homme : l'espoir se diluait avec le temps. Chaque heure passée sans voir d'amélioration signait un glissement vers l'issue fatale. Le cerveau avait irrémédiablement souffert. Les autres organes ne répondaient plus guère aux médicaments. Le médecin précisa que le pronostic allait se jouer dans les heures à venir et que l'attente désespérée avait commencé.

Mahmoud avait déjà mesuré sans trop oser y croire l'étendue du désastre qui frappait sa famille de plein fouet. Il s'attendait à de tels propos et prit sur lui de ne pas laisser transparaître l'immense douleur qui le déchirait. Il savait que le compte à rebours était sur le point de s'achever. Aicha, elle, s'effondra en larmes dans les bras de son époux. Il la soutint en l'exhortant d'une voix douce à plus de courage. Elle se recroquevillait, tressautant à chaque sanglot.

Le docteur E…, voûté et vieilli, sortit sans un bruit, laissant le couple dans l'intimité de la pièce, respectant par là leur souffrance qu'au fond de lui il partageait. Et combien en avait-il ainsi laissés pantelants, à l'énoncé d'une incontournable vérité. Quel sale boulot ! pensa-t-il ! Mais il n'aurait pas pu en faire un autre.

Les parents après une nouvelle halte au chevet du lit de réanimation sur lequel agonisait leur fils unique gagnèrent la salle d'attente. Mahmoud, debout devant ce corps inerte, avait eu ce terrible sentiment d'être déjà recueilli en présence d'une dépouille sans vie.

Assis devant la porte de l'Unité de Soins Intensifs, dans une pièce faiblement éclairée par les néons blafards, le couple silencieux sursautait chaque fois que celle-ci s'ouvrait. Leurs regards anxieux plongeaient dans l'entrebâillement pour tenter d'appréhender une information. Aicha avait posé sa tête sur l'épaule de Mahmoud qui la serrait dans ses bras avec tendresse et pitié, comme une enfant. Il la sentait légère comme une feuille d'automne, frêle et tellement vulnérable qu'il en avait mal. Il fallait faire face. Tenir pour deux. Lui-même ne réalisait qu'à moitié ce qui arrivait : une dure et brutale remise en question d'une vie que jusque-là il avait su prendre en main. Le gouvernail lui échappait ! Il allait perdre ce qu'il avait de plus précieux ici-bas. Cet être, tuteur de ses rêves et autour duquel il avait fait tant de projets. L'effondrement, l'implosion de son existence étaient tels qu'il ne pouvait pas encore en prendre la juste mesure. Sa douleur se doublait de l'insoutenable poids de la culpabilité.

-N'aurait-il pas dû être un peu plus autoritaire ?

-N'aurait-il pas dû interdire ces sorties nocturnes, contrôler les fréquentations, mieux expliquer, être plus convaincant ? Echec et mat !

Mahmoud était écrasé par le doigt du destin, comme une puce, comme un chétif insecte. Décidément l'on n'était rien, rien de rien ! Que serait le lendemain : le néant, le vide, un insondable précipice, une crevasse ouverte dans un soubresaut tellurique qui allait l'engloutir.

Son fils était sa raison de vivre, de se prolonger dans le temps, de s'accomplir. Il était trop tard. Le désastre était consommé. Il ne restait de lui qu'une baudruche dégonflée, une loque vidée de substance. Sa seule motivation pour tenir face aux évènements était cette nécessité de rassembler assez de forces pour soutenir et protéger Aicha et l'aider à surmonter le choc. Après une telle brisure rien ne serait plus jamais comme avant.

La porte s'ouvrit encore.

Mahmoud et Aicha apprirent le décès de leur fils unique de la bouche même du docteur E…

28-Journal (suite)

La journée s'est passée dans une morne ambiance : l'équipe du bloc est consternée par ce décès.

-On ne s'habitue pas à de tels drames même s'ils surviennent trop souvent, nous disent les instrumentistes. Notre communauté est à chaque fois mutilée par ces assassinats.

Nous percevons la colère dans les propos du personnel. Le docteur E., visage cireux et émacié passe en début de matinée pour nous souhaiter aimablement une bonne journée. Il est lui-même brisé par cet échec :

-Vous savez, nous dit-il, qu'en tant que chirurgien, la défaite reste toujours douloureuse face aux blessures graves d'accidentés civils de la voie publique par exemple. Mais dans le cas présent, la mort donnée par balle est plus qu'un accident : c'est un acte de guerre. Et ce n'est pas le premier. Nous sommes tous excédés par ce climat de violence dont nous n'entrevoyons pas la fin.

La première intervention du jour s'est passée sans problème. Nous étions en train de déjeuner dans notre « suite présidentielle » en partageant sandwichs et coca-cola lorsqu'on nous annonce la visite du ministre de la santé palestinien.

Le Dr Fathi A. est médecin. Un homme de taille moyenne, corpulent et jovial. Si l'on en croit la teinte poivre et sel de sa moustache et de ses tempes, il peut avoir la soixantaine. Il est accompagné de quelques membres de ses bureaux et d'un cameraman de la télévision nationale. Il nous consacre quelques minutes, s'asseyant avec nous pour nous remercier de notre venue et de notre assistance.

-Sans vous, ces malades n'auraient pas été traités car nous n'avons pas encore d'équipe de chirurgie cardiaque opérationnelle à Ramallah. La maladie coronaire frappe maintenant comme dans vos pays : ici l'alimentation engendre beaucoup de diabète et les gens fument énormément.

Il nous fait part de sa satisfaction de cette coopération avec l'association ainsi que de l'aide du Consulat de France de Jérusalem. Il espère que nous reviendrons et que la fin de notre mission se passera bien. Il nous exprime sa consternation face à l'évènement récent dont nous fûmes les témoins ces dernières heures.

-Cela devient, hélas, trop fréquent. Nos jeunes, exaspérés, sont prêts à tout. En face, ils ont la gâchette facile.

Nous ressentons clairement le ressentiment de cet homme politique face à l'indifférence de la planète aux incessantes brimades subies par son pays. Il nous remet, tour à tour, une écharpe aux couleurs du drapeau palestinien ainsi qu'une plaque commémorative gravée à nos noms avec quelques lignes de remerciements. Cette attention inattendue nous fait prendre conscience de l'importance pour les Palestiniens de l'aide apportée. Tant mieux. C'est encourageant. Après avoir partagé un café, le ministre nous quitte avec sa suite et nous laisse entre nous. Nous avons fait quelques photos de groupe. Souvenirs, souvenirs, toujours...Finalement, la seule richesse que nous emporterons avec nous dans l'au-delà !

La journée s'achève sans problèmes : routine des gestes du rituel chirurgical avec arrêt du cœur baigné dans le sérum glacé, microsuture soigneuse des greffons sur les artères malades et miracle de la remise en route de cette infatigable pompe de la vie. Notre retour en fin d'après-midi nous laisse encore une heure de soleil. Nous gagnons la piscine de l'hôtel pour « piquer une tête ». Puis, le dîner ! Les vertus anti-oxydantes des tanins nous sont une bonne excuse pour une libation. Nous prenons sur la terrasse un dernier thé à la menthe avec une pâtisserie. Miel et pistaches se partagent la charge calorique. Jeanne et Marie se promettent une sérieuse mise au régime dès leur retour en France.

## 29-Jérusalem…

Malgré son âge avancé, Moshé avait fière allure en sortant de chez lui. Rasé de frais, les pommettes enduites d'un after-shave mentholé, il avait, comme chaque matin, offert sa joue fraîche et lisse à son épouse pour qu'elle y dépose un tendre baiser. Ainsi, depuis des années ce rite d' « étrenner la barbe » s'était-il instauré sans que ni l'un ni l'autre ne se lassent de ce petit jeu affectueux.

Ce matin-là, revêtu d'un costume de lin clair, il s'était coiffé d'un « panama ». Il l'ajustait toujours avec une précision méticuleuse en se regardant dans le miroir de l'entrée. Ce couvre-chef auquel il était fidèle lui allait bien convenant parfaitement au soleil souvent agressif de Judée. La couleur beurre frais de cette coiffure dont il appréciait la légèreté était en harmonie avec ses tempes blanches. Ce chapeau, au-delà de son rôle protecteur, avait pour lui la valeur symbolique d'un vieux rêve : l'espérance d'avoir un jour l'occasion d'aller à Panama. Son maître de l'école clandestine de Terezin lui avait enseigné, en marge de tout programme, une géographie particulière. Cet ancien diplomate juif, avant la guerre, avait été en poste dans ce pays d'Amérique Centrale. Il n'est pas de meilleur enseignant que celui qui sait faire partager un vécu. Hélas, cet homme déjà âgé à l'époque, autant que Moshé enfant ait pu en juger, avait aussi été appelé un beau matin à se rendre sur le quai de la gare du camp pour un dernier appel et avait donc été ravi à ses petits élèves de Terezin. Il avait eu cependant le mérite de les avoir tous fait voyager bien loin de ce lieu terrible par le truchement de ses histoires contées avec des mots choisis. Il avait le talent d'un acteur sachant décrire la réalité en la pimentant d'un grain d'humour. Attentifs et silencieux, les enfants buvaient ses mots. Ces heures offertes étaient une vraie récréation. Ses propos leur réinventaient une liberté qu'ils avaient perdue : celle de rêver ! En l'écoutant, tous s'évadaient. Il savait les faire marcher dans des jungles mystérieuses et sombres sous une canopée bruissant d'oiseaux multicolores : des toucans aux gros becs jaunes, des aras bleus bavards, des cacatoès huppés, des colibris, oiseaux mouches aux longs becs, gourmands des cœurs d'orchidées. Il les faisait frissonner par les récits de ses aventures dans la fange des mangroves hébergeant une faune reptilienne terrible : alligators mangeurs d'hommes, solives dangereuses flottant à l'affût dans la verte et glauque pénombre. Il leur décrivait le charme trompeur des grenouilles colorées à la peau venimeuse, les facéties des singes joueurs, l'inquiétante reptation des boas constrictors et des anacondas. Que de rêves utiles à l'évasion mentale des plus jeunes prisonniers ! Fasciné, son auditoire le percevait comme un aventurier. Il était leur héros. Il avait vu, de ses yeux vu, le grand canal réunissant les deux océans, en avait remonté les écluses, traversé les lacs d'eau douce sur des paquebots grands comme des immeubles. Il leur décrivait les indiens de ce pays lointain, de vrais indiens à la peau brune avec leurs pagnes en fibre dans leurs campements aux lisières des forêts. Ils cueillaient les lataniers, les effilaient patiemment, les faisaient bouillir, les tressaient... Ainsi étaient nés les « panamas », ces fameux chapeaux si légers et si souples ! Sans doute l'homme en rajoutait-il un peu mais ses mensonges étaient pieux : le prix du songe dans cet univers de misère.

Moshé en dépit de son âge actuel gardait comme un trésor secret au fond de lui la magie de ces contes. Il rêvait toujours ! Hélas il n'avait, plus tard, jamais mis les pieds à Panama. Pour tout un chacun se couvrir d'un « panama » consiste à mettre un chapeau de paille. Pour Moshé le porter revenait à endosser un rêve et à raviver des pensées reconnaissantes à la mémoire d'un homme probablement oublié de tous. La mémoire et l'imagination ont le pouvoir de métamorphoser la banalité d'un objet pour en faire une relique secrète aux yeux de l'initié : ce dernier porte seul en lui le secret permettant d'en déchiffrer la valeur sentimentale. Ainsi le « panama » de Moshé était-il pour lui tout un voyage dans son passé douloureux.

30-Journal (Suite)

Notre séjour commence à tirer à sa fin. Nous sommes heureux, le matin, de faire le tour de nos opérés : ils vont bien. Avec la fierté des vétérans ils se promènent exhibant dans les couloirs leur balafre thoracique. Ils se confondent en remerciements et vont jusqu'à baiser nos mains, démonstration inhabituelle et qui nous gêne.

Le personnel semble nous avoir adoptés. Les infirmiers des Soins Intensifs sont assidus vis-à-vis de nos deux minettes qui font particulièrement l'objet de leurs attentions : ainsi leur ont-ils offert des chocolats qu'elles n'ont pas osé refuser… Calories, calories !

Le docteur E… ce matin est plus reposé. Il a un visage détendu et a retrouvé sa sérénité.

-Vous viendrez ce soir à la maison pour prendre un verre, lorsque vous aurez fini votre programme. Son invitation nous fait plaisir.

Deux malades, encore. Sans problème. Toujours le contrôle difficile de notre « marquis » dont il faut juguler l'invincible ardeur de boucher. La présence du jeune résident reste un plaisir : ce garçon, formé, fera un chirurgien compétent. Peut-être pourrons-nous le recevoir dans notre service pour lui donner l'opportunité de perfectionner sa technique ?

Il me dit avoir quelques contacts avec des services belges et me laisse à tout hasard son adresse de courrier électronique. Son principal problème sera l'autorisation de sortir du territoire donnée au compte-goutte : les bureaux de Tel-Aviv restent de vrais Cerbères pour les palestiniens.

Le dernier patient du jour est aux Soins Intensifs. Nous avons roulé le lit dans les couloirs en une lente et soigneuse procession pour ne pas accrocher les potences et les tubulures de perfusion. Pour continuer à faire respirer le patient, Jeanne, à petits pas, suit le lit. Elle a entre les mains le ballon branché sur la petite bonbonne d'oxygène et sur le tube enfiché dans les voies respiratoires du malade endormi. Elle l'écrase en un rythme régulier. Le thorax du patient gonfle au mouvement respiratoire qu'elle lui impose. Le lit est mis dans le box libéré par le décès du jeune blessé.

Les patients se suivent et ne se ressemblent pas…

Notre opéré branché à son appareil de respiration artificielle va dormir encore quelques heures. Les consignes sont écrites et expliquées.

Nous regagnons la suite pour nous changer et attendre le docteur E… avec qui nous avons rendez-vous.

Nous descendons par l'entrée des urgences : le docteur E… gare sa voiture à côté des ambulances. Il nous embarque en roulant lentement. Il nous fait passer devant l'ancien QG du leader de l'OLP, la Mouqata'a dont les murs délabrés portent encore les traces de balles. Les miradors sont vides. Il se gare derrière cet ensemble de bâtiments et nous guide à pied vers un parc arboré. Nous arrivons devant le mausolée du sieur Arafat : ce grand jardin est gardé par deux soldats en armes au garde-à-vous. Il est presque l'heure de fermer l'enceinte mais notre Cicérone négocie en arabe afin qu'on nous laisse en faire le tour. Le musée adjacent est déjà clos.

Nous visitons donc très vite un bâtiment moderne vitré dans lequel, sous la garde de deux soldats, repose Yasser. Ils sont en tenue de parade, immobiles comme des statues, indifférents aux flashs de nos appareils photographiques.

En gagnant la banlieue, notre chauffeur s'arrête en bord de route devant une pyramide de pastèques : le choix en est soigneux par une percussion attentive de la cucurbitacée sous l'œil vigilant du marchand.

Le docteur E… habite dans la périphérie de Ramallah que nous gagnons après avoir fait le tour des collines voisines. De celles-ci le panorama est étendu : vallonnements de calcaires blancs et pelés à perte de vue ponctués des couleurs sombres des oliviers et des cyprès. Mes amis en acte symbolique et mystique s'empressent de remplir un sac de plastique de Terre Sainte pour en rapporter chez eux.

Le docteur E… habite une villa au jardin soigné planté d'orangers et de citronniers. Une treille lourde de pampres presque mûrs grimpe sur une pergola. Dans le salon, la famille nous accueille : sa femme, quinquagénaire épanouie et souriante ainsi que ses enfants. Le fils est ingénieur informaticien, la fille chirurgien dentiste en fin de formation. La conversation a lieu en anglais. Ils nous offrent du jus d'orange et du Coca-Cola ainsi que des biscuits. La pastèque a été bien choisie : nous en apprécions la fraîcheur et le jus sucré. Sourires polis. On crache discrètement les gros pépins noirs dans un cendrier. Refus poli aussi de l'invitation à partager leur dîner.

Soirée tendant à devenir routinière. Le thé à la menthe, au salon, après le dîner pour faire le point sur la journée est presque devenu une tradition.

31-Ramallah…

Un jour comme les autres : le ciel s'irise à l'Est et le soleil enflamme l'horizon au-dessus des maisons blanches de Ramallah, des minarets et des clochers.

La nouvelle de l'assassinat d'un jeune garçon tué pour avoir tagué le Mur ravive dans toute la ville les flammes de la révolte. Indignation et colère agitent chaque quartier. De petits groupes se forment aux coins des ruelles, dans les cafés, chez les commerçants, dans les jardins et les avant-cours des mosquées. C'est avec véhémence que chacun commente cette agression vécue comme une blessure personnelle. La chair palestinienne, dans ce climat permanent d'oppression est d'une sensibilité à fleur de peau. Le vent de la rage se renforce laissant augurer une tempête.

Mahmoud et Aicha sont totalement anéantis, au pied du lit sur lequel repose, dans un suaire, le corps de leur enfant. Ils l'ont reçu dans la nuit, sur un brancard porté par deux ambulanciers.

Ce sont les voisines d'Aicha et de Mahmoud qui firent la toilette funéraire rituelle de Khalil : blanc et d'une froideur marmoréenne, le corps semblait bien frêle. Les pansements enlevés laissaient voir la bouffissure des plaies aux berges bleutées d'ecchymoses. Le corps inerte n'est plus que l'ombre de ce qu'il était : la chair morte ne mérite plus qu'un ensevelissement rapide avant que de pourrir. Khalil est endormi : rendues presque transparentes par la mort ses paupières exsangues lui ferment le visage : ses longs cils ombrent le haut de ses pommettes. Il dort pour une irrattrapable éternité. Dans son ultime voyage il laisse ceux qui l'avaient le plus aimé désemparés sur le quai de la vie.

Son visage semble reposé et serein. Ses lèvres bleues restent sans expression : ni sourire, ni grimace. L'indifférence glacée des cadavres, au-delà déjà des tourbillons des passions humaines.

Mahmoud et Aicha retrouvent en le regardant avec intensité les traits de sa petite enfance que l'adolescence commençait à remanier un peu. Ces images retournent en eux la lame du couteau dans leur plaie vive. Ils savent que l'enfant n'aura vu que la face la plus ingrate de la vie malgré l'amour qui lui fut prodigué.

Les flammes des veilleuses dans la semi-obscurité de la pièce dont les volets ont été tirés font une lumière oscillante aux courants d'air. Les ombres mouvantes sur le corps moulé par le linceul laissent une illusion de frisson parcourant le cadavre.

Tout dans cette chambre de jeune homme rappelle l'enfant qu'il fut hier ! Quelques dessins aux murs, quelques petites voitures sur une étagère. L'adolescent y a laissé sa marque avec un ballon de football au cuir usé et une paire de souliers à crampons encore chargés de terre séchée.

Une photographie d'Arafat encadrée par le drapeau de la Palestine est punaisée au-dessus de la table en bois blanc qui sert de bureau. Une paire de Ray Ban négligemment posée sur le chevet et un keffieh sur le dos d'une chaise résument tout l'attirail d'un playboy d'une quinzaine d'années ! Le Saint Coran est resté ouvert sur les dernières lectures.

Mahmoud contemple ces ruines d'une vie qu'il avait créée et si ardemment désirée. La culpabilité bourgeonne dangereusement au sein de sa douleur.

Aurait-il pu prévoir ?

N'aurait-il pas dû deviner ?

Il avait pourtant passé des heures à tenter de convaincre, à prêcher une idéologie fondée sur la dignité humaine et la non-violence, celle de la main tendue au-delà des extrêmes vers ceux qui, de l'autre côté de ce Mur volontairement provocateur, sont aussi des hommes et des femmes de bonne volonté animés d'un désir de cohabitation dans la paix.

S'est-il tellement trompé ?

Ses réflexions et ses études en Europe l'ont-elles mené sur la voie de l'erreur ?

N'est-ce que par la lutte armée que se font les conquêtes ?

Le sang épanché justifie-t-il l'hypothétique fin d'un conflit ou ne fait-il que creuser le fossé entre les peuples en avivant leurs plaies ?

La sourde colère de Mahmoud crucifié par sa douleur l'aveugle. Un irrépressible désir de vengeance se fait jour comme un exutoire au trop-plein de sa souffrance. Il le perfore et le brûle : un fer rouge planté dans son âme. Il se sent parjure par rapport à toutes ses idées mûries dans la quiétude feutrée des bibliothèques dont les portières capitonnées sont étanches aux réalités du monde, par rapport à sa propre construction mentale édifiée pierre à pierre au fil des discussions avec ses maîtres à penser. La vraie vie le gifle violemment et le déchire à vif pour le plonger dans un torrent de haine impossible à endiguer. Il n'imaginait pas porter en lui, dans les lieux secrets de son être, un tel potentiel de colère ! Il y a un tel divorce entre le monde aseptisé des idéologies couchées sur le papier et la sale odeur du quotidien : les remugles fades du sang épanché, le sang de son fils, et par là le sien propre ! Qu'importent les abstraites conjugaisons de théories, les infinies divagations philosophiques… L'heure n'est plus au délire, aux hypothèses, aux rêves.

Le meurtre d'un fils ne doit pas rester impuni.

C'est dans un espoir de vengeance que Mahmoud trouve la force de surmonter l'épreuve à laquelle le destin l'a soumis de plein fouet.

Il se lève sans bruit. Il gagne la cuisine pour y boire un verre d'eau et fumer une cigarette. L'idée de l'action germe dans son esprit avec d'autant plus de force qu'il se souvient des pas prudents avec lesquels il quittait la chambre de son enfant lorsque celui-ci était petit en refermant doucement la porte : surtout ne pas le réveiller maintenant qu'il l'avait endormi en lui contant une histoire : Simbad le marin, Ali Baba et ses voleurs… Moments ineffables dont il n'évaluait pas alors le poids de bonheur.

L'imam du quartier était venu se recueillir et réciter la Fatiha des morts.

Il psalmodia la sourate an-Nahl : « Les anges viennent réclamer l'âme du juste, en disant : … Paix sur vous ! Entrez au paradis, pour ce que vous faisiez. »

Et puis ce fut la levée du corps porté par les jeunes amis aux mines défaites et aux dents serrées pour maîtriser les larmes. Aicha, louve blessée, restée dans l'appartement hurlait sa peine.

Le précieux chargement fut précautionneusement descendu jusqu'au rez-de-chaussée. Une foule dense attendait autour de l'immeuble. Le rassemblement spontané du quartier d'abord puis de l'agglomération s'expliquait : la nouvelle s'était répandue. Consternation et colère se mêlaient, faisant de ces funérailles une manifestation de contestation. La dépouille fut déposée sur le pick-up d'un vieux quatre-quatre vétéran des pistes de Galilée. Un drapeau palestinien déployé par un groupe de jeunes activistes vint la recouvrir : cagoulés de noirs, un bandeau vert ceignant leurs fronts, vêtus d'effets militaires dépareillés, ils prirent la direction du cortège devant la foule et devant Mahmoud étonné et déconcerté.

On venait lui voler cette ultime marche qu'il aurait voulue sereine et calme pour accompagner son fils à sa dernière demeure.

Ce rapt, au-delà de la mort de cette jeune victime innocente, se justifiait par le désir politique d'en faire un martyr à la Cause palestinienne.

Cet assassinat, accident fatal, était l'étincelle attisant le feu de la révolte. Dans une agitation rythmée par les slogans anti-israéliens, le cortège s'ébranla pour s'étirer dans les ruelles adjacentes et gagner l'avenue. Devant la camionnette, ouvrant la voie, les groupes paramilitaires. Mahmoud à petits pas, éreinté par sa peine, le visage fermé, suivit le corbillard improvisé dont le moteur ronronnait à petite vitesse.

…Mahmoud marche seul, dans cette foule compacte qui l'entoure. Il pense à Aicha, restée dans la chambre de son fils, chiffe mouillée, tressautant dans d'incontrôlables sanglots, tassée sur elle-même, boule de chair douloureuse. Cet homme avance comme un automate, porté par l'entourage. Son silence intérieur résonne des slogans et des cris de colère de la multitude bigarrée. Son enfant mort est devant lui. Il sait que sa femme est ravagée par sa détresse. Dans sa tête les idées s'entrechoquent fusionnant en un délire sauvage et destructeur.

Chemin faisant, il relève la tête : le cortège ne suit pas le chemin normal menant au cimetière. Il se dirige vers la Mouqata'a, l'ancien quartier général d'Arafat partiellement détruit en avril deux mille deux lors de l'« Opération Rempart » israélienne. Il en longe les murailles ruinées par endroits, ficelées de barbelés et aux miradors déserts. Derrière ces fortifications délabrées, les bâtisses désaffectées font triste mine. C'est dans ces locaux que le vieux lion avait été traqué et séquestré par l'armée israélienne au terme de combats de rue. Jouxtant cette forteresse dans laquelle il a combattu, dans un parc engazonné entouré de murs blanc se trouve le mémorial du Leader et son mausolée. L'entrée de ce sanctuaire païen est gardée par deux soldats en armes, à l'imperturbable garde-à-vous dans leurs guérites. Une barrière en interdit l'accès aux véhicules. Seuls les piétons peuvent venir s'y recueillir. A l'intérieur de l'enclos planté d'arbres et de buissons, le musée retraçant le long combat du chef de l'OLP se dresse à gauche de l'entrée : un grand bâtiment moderne. De la résistance à la reconnaissance ! Un Nobel !

Au fond, en arrière, le mausolée proprement dit : dans une construction vitrée sur ses quatre côtés, se distingue la tombe, toujours fleurie, gardée par deux soldats en tenue d'apparat, fusil au poing, baïonnette au canon.

Mahmoud comprend la signification de ce détour. Il ne peut s'empêcher de trouver cette démarche spontanée du peuple plutôt chaleureuse à l'égard de Khalil : sa mort imméritée s'inscrit dans la voie du martyre et de la revendication.

L'arrivée du cortège prend les gardiens du site à l'improviste et les déconcerte. Un flottement s'installe. Les jeunes cagoulés parlementent avec eux. Finalement, la barrière est levée. Le quatre-quatre, à toute petite vitesse, franchit le seuil du parc pour aller s'arrêter en face de la grande baie vitrée à travers laquelle l'on peut voir la tombe de Yasser. Derrière se profilent les murs de son Quartier Général. L'essentiel des accompagnants est resté hors de l'enceinte, dans la rue. Mahmoud a suivi son fils, pour se recueillir. Cette démarche est l'offrande de la dépouille du jeune mort à la grandeur de la Cause.

Il est ému de ce geste.

Le contact est coupé. Le silence s'installe : une longue minute de méditation silencieuse.

Dans le lointain l'on peut percevoir le brouhaha de la circulation urbaine. La vie continue toujours, fiévreuse et plus forte que la mort. Mahmoud se dit qu'il racontera à Aicha ce terrible moment : la valeur symbolique de cette présence du jeune mort au pied de la tombe d'un prix Nobel de la Paix montre le caractère dérisoire de ce genre de promotion. La paix n'est en rien acquise ! Le sera-t-elle un jour ? se demande Mahmoud. Et combien de morts inutiles faudra-t-il encore ? Rien ne consolera sa femme de cette irrémédiable et inutile mutilation ! La chair de sa chair !

L'instrumentalisation de cette mort portée en exergue n'étonne qu'à moitié Mahmoud : les temps ne sont pas à la sérénité. Chaque jour apporte son contingent de morts, de blessés, de vexations…

Le véhicule redémarre, fait un lent demi-tour avec un crissement des pneus sur les gravillons de l'allée et regagne la sortie pour fendre la foule. Lorsqu'il la franchit, celle-ci se divise pour l'absorber puis le suivre. Mahmoud marche toujours solitaire au sein de cette humanité houleuse qui l'entoure. Nul ne peut partager son indicible brisure.

Les deux soldats près de la porte du parc du mausolée, quittant leur guérite, lors du passage du quatre-quatre se mirent au garde-à-vous et présentèrent les armes avec un respect mêlé de crainte. Ils avaient pris sur eux l'autorisation d'accès au sanctuaire autant par conviction personnelle que devant l'inutilité d'une résistance à la pression populaire. Lorsque le seuil de l'enclos fut libre ils laissèrent retomber la barrière qui en interdisait l'accès.

Déjà les slogans jaillis de la foule avaient repris. La manifestation, loin de se dissoudre se condensa en une longue file. La tension était palpable. Colère et révolte étaient perceptibles dans chaque cri proféré par cette assemblée compatissante et blessée. Chacun avait conscience de matérialiser par sa présence et ses récriminations une parcelle de la grande douleur de son peuple et de l'exprimer de tout son cœur à l'occasion de ces funérailles.

Mahmoud restait droit et imperturbable dans un grand effort intérieur afin de ne pas laisser paraître son chagrin. La dignité, pensait-il, doit prendre le pas sur la déchirure aussi douloureuse soit-elle ! Il avait les yeux secs, rivés sur le suaire que la brise faisait trembler.

Il devrait avoir froid pensait-il, mais à cette heure, il est au-delà des sensations terrestres…

Où peut-il bien être ?

Dans quel monde lointain ?

Mahmoud, pris dans cette tourmente, se sentait dépassé par les évènements. L'intimité de sa souffrance était violée par les hurlements revendicateurs de son entourage. Les idées dans sa tête s'entrechoquaient. Il n'arrivait pas à concevoir que cette marche de solidarité et de contestation était cristallisée autour de la mort de son propre fils. Il en suivait la dépouille devenue par l'alchimie des haines le symbole de la souffrance de son peuple. Ce petit corps mutilé et sans vie était celui d'une victime portée sur l'autel du patriotisme exacerbé par les abus, les injustices, l'indifférence.

Mahmoud a ses poings fermés dans ses poches. Ses doigts crispés blanchissent aux articulations. Il se sent porteur de serres de rapace qu'il voudrait voir saisir le col des assassins qui resteront impunis. Des serres hélas impuissantes sur les mains gantées du fauconnier.

L'assassin ?

Tout au plus aura-t-il une réprimande de principe pour sauver les apparences vis-à-vis de sa gâchette trop facile. Des excuses diplomatiques seront faites officiellement pour cet « accident regrettable ».

Tout sera désespérément politiquement correct jusqu'à la prochaine « bavure » !

Dans l'automatisme de sa marche, Mahmoud est indifférent à l'odeur de mazout brûlé de l'échappement du véhicule qu'il suit, à la poussière du chemin. Trop de bruit, trop de mouvements, trop de slogans, pour rester concentré en soi. Le noyautage politique par l'extrémisme de la cause palestinienne fait de ce dernier voyage de son fils vers la sépulture qui l'attend, une exhibition outrancière incompatible avec la sérénité qu'impose une telle épreuve pour un père. Les pensées de Mahmoud vont vers la solitude d'Aïcha retirée dans la pénombre de sa chambre à coucher et pantelante de douleur. La tradition veut que la femme ne suive pas les funérailles : restée seule, elle ne peut que pleurer, en en suivant les étapes par la pensée.

Mahmoud, lui, subit, silencieux et soumis, cette pression insupportable exprimée par ses congénères. Devant lui le drapeau de son pays moule les formes du corps d'adolescent mutilé de son fils. Il aurait tant besoin de silence, non pas pour prier, car il ne veut pas avoir la faiblesse de recourir à un hypothétique Dieu lors de ces moments difficiles, mais pour au moins tenter de réfléchir, de se concentrer sur l'importance de cet instant qu'il est en train de vivre : l'ultime accompagnement de son propre fils ! Il se sent floué de cette solitude souhaitée, de ce désir d'être avec Aïcha pour pleurer ensemble et tenter de trouver les mots de consolation face à l'irréparable perte à laquelle ils doivent faire face.

Il ressent brutalement le besoin de fumer. D'allumer une cigarette et de sentir en lui l'âcre odeur du tabac brun. Il a en lui une telle douleur : un poing ferme noué l'étreint à lui couper le souffle. Une boule de mercure oscille dans sa poitrine à chaque battement de son cœur. Dans ses oreilles le sifflement du sang se mêle au brouhaha des alentours. Ce tintamarre entrave toute pensée cohérente. Derrière le pick-up, il se traîne d'un pas sur l'autre. Nul autre qu'Aïcha, dont l'absence à cet instant lui pèse au plus haut point, ne peut appréhender le chagrin qui le déchire. Il n'est plus père, il se sent veuf de cette absence de sa femme à ses côtés en ces moments. Il se sent vidé de toute substance. La peine infinie qu'il porte fait fondre comme neige au soleil toute volonté. Il se sent comme une loque oscillant entre la perception de la réalité de cette mort qu'il entrevoit comme la fin de tout espoir et la difficulté de l'assimiler en tant qu'irrévocable fait. Cette notion de « plus jamais, plus jamais ! » le perfore comme une dague. Il se rend compte qu'au-delà d'une certaine intensité le seuil de la douleur est franchi, comme le mur du son. L'anesthésie temporaire qui en résulte permet de regarder la plaie ouverte dans son propre cœur avec la froideur et la distance de celui qui n'est plus concerné.

Il lui a semblé très long ce chemin du cimetière, à Mahmoud : l'image de la montée du Christ au Golgotha traverse son esprit. Décidément la terre de Judée brûlée d'un soleil indifférent reste un lieu maudit déchiré par les passions en tout genre.

Cette terre ingrate, pense-t-il, de cailloux, d'oliviers est-elle vraiment Sainte ?

Le sang des martyrs est-il si utile pour la sanctification d'un sol alors que la vie d'un homme est si courte et si fragile ?

Les portes du cimetière sont ouvertes. Le quatre-quatre s'y engage lentement.

Mahmoud est maintenant face à la fosse creusée dans ce sol de terre ocre et de sable. Quelques graviers roulent des bords vers le fond en fine poussière. Le tas lié à l'excavation chauffe au soleil. Ces déblais viendront tout à l'heure envelopper le linceul d'une nuit définitive. Mahmoud prend conscience que son enfant sera bien seul : la terre vorace et sarcophage digèrera cette graine d'homme jamais arrivée à maturité. Jamais, plus jamais !

Les jours et les nuits ne seront plus jamais pareils, eux qui furent si porteurs d'espoir depuis la naissance de ce fils. Plus jamais, ni le voir, ni le toucher, ni l'entendre…

Tant de discussions pour tenter de le raisonner, tant d'instants de bonheur partagé. Tout revient en vrac, bouillonnement de la mémoire. Mahmoud se reprend : ne pas perdre sa dignité, ne rien montrer même s'il est effondré devant ce trou dont la noire profondeur va avaler ce qu'il avait de plus cher ici-bas. Le cadavre dans son suaire blanc débarrassé du drapeau a été emporté par les bras puissants d'une jeunesse en colère. Ils l'ont fait glisser de la plate-forme du camion et le brandissent vers le ciel en offrande avant de le mener vers le tombeau. Devant eux, ouvrant la marche, des hommes masqués, cagoulés, en tenue bariolée militaire, keffieh autour du cou gagnent la proximité de la fosse pour rendre les honneurs, armes à l'épaule, au garde-à-vous. Mahmoud constate qu'ils ont en guise de ceinture, sinistre enveloppement, des pains de dynamite. Ils sont de cette race aveuglée par la passion que sont les kamikazes : au-delà de leur propre vie, l'idéal du sacrifice reste leur raison de respirer, leur raison d'exister. Mahmoud se demande si la perspective d'un paradis promis aux plus vaillants est leur seule motivation ou bien si la haine reste leur motif principal, exacerbée par la surdité du monde à leurs appels désespérés.

Le corps est maintenant déposé au fond de la fosse par ces gardes dont les yeux noirs brûlent par les pertuis de leurs masques. Il récite en lui-même quelques sourates qui lui reviennent à l'esprit. Déjà la terre commence à couvrir le suaire que les proches et les manifestants jettent à poignées en passant devant la sépulture.

Mahmoud se retire en silence sans oser se retourner. Il reviendra avec Aïcha pour, dans une solitude partagée, se recueillir loin des turbulences de cette manifestation.

Le soir tombe d'un seul coup, il fait presque nuit, le ciel au couchant a la couleur turquoise des volubilis. Comme une âme en peine, Mahmoud s'en revient vers l'immeuble dans lequel il va devoir faire face à la détresse de sa femme et à son immense chagrin.

32-Jérusalem…

Moshé a refermé la porte palière derrière lui. Il a plongé, ébloui, dans le flot de soleil qui inonde la rue. D'un pas alerte il en remonte la pente. Il se sent en forme, il est heureux. Il sent la chaleur du soleil sur ses épaules, il sent la vie en lui. Il sait le prix de chacune de ses heures, de ses minutes.

De ce pas décidé il se rend chez ses enfants : un rendez-vous qu'il ne raterait pour rien au monde. Son petit-fils est sa raison de vivre la plus exigeante. Les moments précieux passés avec cette graine d'homme le ravissent et cette joie est partagée par l'enfant qui adore son Papy.

Moshé est sûr qu'à cet instant, alors qu'il se rend chez l'enfant, ce dernier l'attend comme le Messie.

-Quand va-t-il arriver, grand-père, maman ? Ne cesse de demander le petit, impatient.

Pour Moshé, ces rencontres entre deux générations sont sacrées : tous deux communient dans le même enthousiasme, l'un de raconter, l'autre d'écouter !

Moshé, à l'écrasant passé, se sent investi du devoir de « passer le témoin ». ! Comme ces coureurs autour du stade se passant dans leur course le petit morceau de bois à porter sur la ligne d'arrivée.

Le soleil filtre maintenant à travers les ramures d'albizzias aux fleurs de plumetis roses. Moshé en inspire avec délice les fragrances sucrées. Elles le rassurent et l'enivrent. La vie est belle, pense-t-il, et les hasards en déterminant les avenues la rendent poivrée comme ces parfums. Qu'importent les revers de la fortune, ils ne rendent que meilleures les minutes de franc bonheur. Il en a tant vu, Moshé, de ces destins fauchés à la fleur de l'âge !

Mais qu'est-ce que la fleur de l'âge ?

L'enfance, bouton de vie dont l'épanouissement attendu reste une éclosion d'espoir possible : de tous les possibles ?

L'âge mûr devant lequel la vie étale la corolle des conquêtes et des défaites, sans forfanterie ni mensonge ?

L'âge avancé, le troisième dit-on ? Que tant n'atteignent pas ! Mais qui, pour ceux qui comme Moshé peuvent en jouir, a le parfum discret des flétrissures, des pots-pourris. Pétales de la vie, racornis autour d'un cœur riche d'expériences et de souvenirs. La fleur de l'âge, ça n'existe pas vraiment, pense Moshé car finalement chaque âge recèle une fleur qu'il faut savoir cueillir et apprécier à sa juste valeur. Et chacune de ces fleurs fait un splendide bouquet dans lequel chacune a sa place pour l'harmonie globale. Moshé n'ose aller plus loin dans cette voie de méditation.

Le présent lui donne tort !

Il sait que depuis que les murailles antiques de Jérusalem sont tombées, l'inconstance des hommes a reconstruit les fortifications de la honte et que l'harmonie de l'humanité dont il rêvait à la fin de la dernière guerre n'est qu'une utopie.

Il n'y aura jamais de « dernière » guerre !

Moshé ose croire qu'il existe une majorité d'hommes de bonne volonté mais il doute que dans la conjoncture actuelle le royaume des cieux leur soit acquis !

Lorsqu'il passe en voiture, de nuit, le long de cette muraille grise, dans les faisceaux régulièrement répartis des projecteurs, sous l'ombre intermittente des miradors, il ne peut s'empêcher de frissonner.

La déraison s'est emparée de ses compatriotes !

De telles images éveillent en lui une angoisse prégnante qu'il avait eu bien du mal à enfouir au fond de lui et qu'il sent remonter sans pouvoir la juguler. Il n'aurait jamais imaginé être à nouveau encerclé par ces Murs rehaussés de barbelés et de lignes électrifiées.

Ses congénères ne se souviennent-t-ils pas ?

Au sortir du cauchemar de la guerre et dans les années qui suivirent Moshé espérait consacrer ce que le destin lui avait laissé de vie à un idéal de paix et de liberté. Cet idéal était bafoué ! Le vieil homme s'était juré de toujours lutter contre l'arbitraire des idéologies afin de préserver la dignité humaine.

A la libération, la chance lui avait permis de ne pas rester à l'Est et de transiter par les Etats-Unis. Le pays de « Miss Liberty » lui avait offert sans contrepartie une éducation et l'espoir d'une reconstruction personnelle. Il se sentait cependant transplanté. Bien que matériellement comblé, il restait au fond de lui une insatisfaction secrète : celle de n'avoir plus de pays à lui. En fait Prague était sa ville et la Tchécoslovaquie son pays. Après avoir survécu à l'enfer de Terezin, ayant été témoin de l'infâme collaboration des miliciens tchèques chargés de leur garde sous l'autorité nazie, il avait bel et bien compris que ce pays n'était plus le sien.

La grande Amérique, le Nouveau Monde, le milieu israélite dans lequel il avait mûri, lui avaient donné plus qu'il ne l'espérait. Ayant longtemps vécu à Boston, il avait aimé les quartiers riches en histoire de cette ville de Nouvelle Angleterre. Les vieux cimetières aux pierres moussues lui rappelaient la nécropole juive de Prague. Il avait connu le plaisir de l'étude à Cambridge dans le côtoiement cosmopolite de l'université d'Harvard dont il avait décroché les diplômes. Il avait goûté aux balades en raquettes durant les fins de semaine dans l'arrière-pays : les Green et White Mountains dont la sérénité sauvage n'est troublée que par le crissement des pas sur la neige gelée avaient éveillé en lui des nostalgies d'enfance d'un temps tellement lointain qu'il croyait l'avoir oublié. L'intensité des évènements vécus avait une telle densité que Moshé, encore jeune, avait la sensation d'avoir vécu plus d'une vie. Le poids du passé au fond de son cœur avait la masse d'un pavé de granit. Les automnes rougis par les érables en feu lui avaient fait penser aux profondes forêts de Bohême dont il se rappelait même les odeurs de sous-bois, s'il fermait les yeux. La

Nouvelle Angleterre,  son nouveau havre de paix avait été pour lui une chance de renaissance.

En tant que juif, Moshé avait toujours été passionné par les mouvements sionistes combattant pour une reconquête de la Terre Promise. Convaincus que cette terre était la leur et qu'elle leur était donc due, malgré deux mille années d'histoire et de peuplement palestinien, ces derniers revendiquaient âprement la possession de la ville sainte de Jérusalem et de la Palestine. Moshé s'était enthousiasmé en étudiant les pourparlers tumultueux à l'ONU ayant conduit à la création de l'état d'Israël. Lors de l'un de ses premiers voyages à New-York il s'était même rendu sur les berges de l'Hudson River pour voir de ses propres yeux le siège de cette organisation : c'était au sein de ces murs que le destin de Moshé comme celui de son peuple s'était joué. La perte du sentiment d'appartenir à la Tchécoslovaquie sous obédience communiste et son déracinement outre-atlantique lui avaient en effet fait prendre conscience avec acuité du fait qu'il était avant tout un Juif et qu'au-delà de sa nationalité, sa religion et l'histoire de ses ancêtres en faisaient légitimement un membre du Peuple Elu.

La communauté juive nord-américaine à cette époque regroupait de nombreux jeunes comme lui : ceux-ci voyaient se lever l'espoir oriental d'un pays possible, bien à eux, à construire, à défendre, à aimer. Tous les regards se portaient sur la Palestine occupée par les Anglais. Moshé savait que depuis le début du dix-neuvième siècle les membres du mouvement sioniste avaient, en toute légalité, acheté des terres sur le sol de Judée et y avaient initié une implantation juive. La tourmente de la seconde guerre mondiale et le génocide perpétré par les nazis à leur égard avait incrusté dans l'inconscient collectif des peuples d'Europe et des Etats Unis d'Amérique une mauvaise conscience vis-à-vis de ce drame dont tous avaient été témoins. L'idéologie visant à une « réparation » avait donc prévalu avec la reconnaissance internationale d'un état qui puisse leur être concédé. Les revendications sionistes se matérialisèrent. La Palestine fut la cible unanimement reconnue.

Unanimement ?

A peine avait-il achevé ses études universitaires, Moshé se fixa un but : contribuer à construire le nouveau pays qui lui était donné.

33-Journal (suite)

Tous nos malades vont bien. Pyjama de bloc, tout propre, enfilé dans notre suite et café fort avant de commencer la journée. Tenue de combat.

Aujourd'hui nous avons modifié le tableau opératoire pour faire passer un patient urgent : un coronarien grave ayant fait un arrêt cardiaque récupéré lors des examens de coronarographie. J'espère que la chance va nous sourire. Mektoub !

L'homme est sympathique. Un colosse aux pieds d'argile en incontestable surcharge pondérale : le quintal de mauvaise viande ! Il a un sourire édenté : les quelques ratiches qui lui restent sont jaunes de nicotine. Il ne parle que l'arabe et son seul moyen de communication avec nous reste les sourires.

Nous le retrouvons bientôt sur la table d'opération. La lumière du scialytique coule sur son torse jaune badigeonné de désinfectant iodé.

-On peut inciser, Madame l'anesthésiste? Question habituelle lorsque les champs opératoires sont mis.

-Vas-y et grouille toi pour le « mettre en pompe » car il est très instable, répond Jeanne. J'ai déjà des drogues dures dans la seringue électrique !

Notre patient est donc branché à la circulation extra-corporelle. Son cœur est arrêté. Les artères de très médiocre qualité ont la consistance d'un os sous les doigts. Il faut pour les ouvrir trouver le point faible de la carapace entre deux plaques. Sutures difficiles. Les aiguilles se tordent. Un puis deux puis trois puis enfin quatre pontages sont confectionnés avec persévérance et difficulté. Lorsqu'on est embarqué dans une telle aventure il n'est plus temps de faire marche arrière.

C'est là que le chirurgien se dit : mais qu'est- ce que je fais dans cette galère ? On ne m'y reprendra plus !

Enfin le cœur est remis en charge et redémarre sagement. Il semble tout à fait content de sa cure de chirurgie esthétique. Déjà nous songeons que si nous terminons tôt, il nous sera possible de filer à Bethléem pour visiter l'église de la Nativité…

Les canules reliant le malade au cœur-poumon artificiel sont enlevées. Le cœur travaille tout seul avec ses pontages bien gonflés. Nous avons enfin refermé la paroi au fil d'acier. C'est à cet instant que le palpitant capricieux décide de lâcher : ouverture rapide du thorax et massage d'un cœur flasque et distendu. Remise en place des canules et assistance circulatoire par la machine. Vérification des pontages. Doute sur une artère jugée trop malade pour être touchée : on décide de la ponter avec un greffon veineux supplémentaire. Le temps passe vite. La soirée est avancée lorsque l'on est obligé de déclarer forfait. Nous avons donc perdu notre dernier malade. Nous aurions dû nous en tenir au programme opératoire fixé mais il était difficile de ne pas prendre en compte cette urgence.

Nous sommes bien tristes de cette issue fatale venant endeuiller une mission jusque-là sans complication.

C'est avec des mines de vaincus que nous enfilons nos vêtements civils après avoir rendu une dernière visite aux opérés qui nous ont remerciés chaleureusement.

Le responsable de l'Association nous rejoint et nous propose de finir la soirée à Jérusalem. Un taxi minibus nous y conduit à travers les check points. Nous passons de l'autre côté du Mur. L'équipe de Belgique achève aussi sa mission et dîne avec nous. Tous sont désemparés car au lieu d'opérer quinze enfants pour leur malformation cardiaque ils n'en ont traité que trois originaires de Jérusalem. Les Israéliens n'ont pas laissé passer le bus de Gaza qui devait amener les petits malades à l'hôpital. C'était pourtant leur unique chance de profiter de cette opportunité d'être pris en charge par l'association humanitaire. No comment !

Le dîner se déroule sur les terrasses d'un restaurant grec à deux pas de l'église du Saint Sépulcre : le coucher de soleil aux couleurs douces colore les toits de la ville que nous surplombons : le dôme de la Mosquée des Rochers flamboie de tout son or. Les minarets et les croix surmontant les édifices catholiques et orthodoxes se découpent sur le ciel rougeoyant. Le Mont des Oliviers sans oliviers mais couvert de tombes de calcaire blanc devient rose. Un moment magique que cette dernière soirée. Elle panse un peu notre désappointement lié au drame que nous avons vécu durant cette dure journée. Décidément, le métier de chirurgien cardiaque est parfois ingrat et nous apprend l'humilité. Le vin blanc d'Italie nous aide à digérer l'échec !

La nuit s'en vient. Lorsque nous regagnons la porte de Damas où nous attend notre taxi, les souks habituellement si actifs et peuplés sont vides. Les volets métalliques sont baissés. Les pavés sont humides du dernier balayage. Des militaires patrouillent arme au poing. Leurs ombres projetées par les éclairages le long des murs leur font des silhouettes de colosses du fait de leur gilet pare-balles.

Demain à l'aube, ou plutôt tout à l'heure, nous quitterons Ramallah pour nous en revenir. Le taxi longe maintenant le Mur sur plusieurs kilomètres : alternance des projecteurs inondant de faisceaux de lumière blanche et crue la monotonie grise du béton. Barbelés, miradors… On a déjà vu cela dans les films en noir et blanc d'après guerre…

Nacht und Nebel !

34-Ramallah…

Ce matin, Mahmoud est revenu tout seul : il n'a pas pu trouver le sommeil. Ses yeux sont injectés, rouges de l'insomnie sous le gris des paupières. De larges cernes lui mangent le visage. Il n'est pas rasé. Il a subitement vieilli. Ses nerfs sont à vif. La nicotine reste le seul sédatif qu'il puisse supporter. Il sait qu'il a beaucoup trop fumé ces dernières heures. Il ne peut arriver à trouver suffisamment de sérénité pour prendre la vraie mesure du drame qu'il vit. L'injustice du sort le révolte. Il est accroupi auprès du tumulus de terre ocre qui recouvre le corps de son fils. Il est consterné par la disproportion entre le simple fait de taguer le Mur à la bombe à peinture et cet assassinat : une bombe bien anodine ! Il est, semble-t-il, apparu que le jeune militaire responsable n'avait que quelques années d'écart avec son fils. Deux gamins que le destin a confrontés avec cynisme et cruauté. L'Etat-major de l'armée d'Israël a fait des excuses officielles, arguant de l'inexpérience du soldat et de sa perte de contrôle lors de l'altercation avec les peintres revendicateurs de leur liberté ! Des sanctions sont promises. Mahmoud, lui ne trouve pas d'excuse à ce geste.

Une « bavure » !

Jusqu'à ce moment, il avait pensé que tout pouvait être réglé entre hommes de bonne volonté, par une entente pacifique entre les deux peuples fatigués de tant de massacres.

Il découvre au fil des heures douloureuses qu'il vient de vivre et qui ont fait exploser sa vie à jamais, ce que peut être la haine. En lui bouillonne un sentiment qu'il a toujours voulu contenir le jugeant indigne de sa condition d'Homme. Mais le philosophe inspiré de la non-violence qu'il avait rêvé d'être n'est plus. Il a franchi le point de non-retour.

Le Talion !

La loi biblique du Talion !

Elle lui paraît le seul moyen de faire payer le sang versé. Encore plus de sang ! Toujours plus ! Et n'importe quel sang ! Depuis que le monde est monde et que l'homo sapiens a su fabriquer des outils, il n'a confectionné que des armes !

L'innocence de l'individu n'est pas une excuse pour échapper à l'immanence de la punition du groupe. Le glaive de la vengeance est aveugle et impitoyable. Il n'y a pas d'équité possible dans la violence. Mahmoud a conscience du parjure que représente à ses yeux cette nouvelle attitude : elle lui est dictée par la conjoncture. Il y a loin du rêve et des spéculations philosophiques à la réalité blessante de la vraie vie. Il perçoit tout d'un coup la naïveté de ses raisonnements et leur candeur. La vanité de cet espoir d'une cohabitation possible de deux peuples en utilisant leur complémentarité et la bonne volonté de ce qu'il croyait être la majorité des protagonistes.

Etait-il aveugle ?

Il se fait mille reproches car la vie de ce fils qui lui est ravi signe son échec.

Son fils le prenait-il vraiment pour un lâche, un couard ?

N'était-ce pas cette pensée qui aurait motivé cet acte irraisonné et gratuit ?

Ne voulait-il pas, avec la morgue de la jeunesse, montrer à son père de quoi il était capable ?

Le sentiment d'une culpabilité évidente envahissait l'âme de Mahmoud. Elle croissait comme ces lierres gourmands s'accrochant à chaque branche pour étouffer l'arbre tuteur.

Coupable !

Etait-il coupable ?

Le poids de cette nouvelle réalité était celui d'une gueuse en fonte ! Oui ! Le doute n'était plus possible : cette mort inutile de l'être qui lui était le plus cher était bien de sa faute ! Mahmoud, courbé sous cette charge nouvelle pour lui, voyait se briser toutes ses perspectives d'avenir. Le temps s'arrêtait. Ses lendemains avaient l'obscurité d'un fond de puits. Il ne vivait que par ce fils qu'au fil des jours il avait vu grandir avec amour. En lui s'étaient condensés ses espoirs : d'un matin sur l'autre ils prenaient forme. Il voyait dans cette pousse créée de son sang le futur étudiant qui, comme lui, aurait découvert le monde au-delà des frontières étroites de son pays, se serait nourri d'une culture universelle, celle des pays libres. Il osait aussi rêver d'un futur bercé par la paix entre deux peuples ayant fait des concessions réciproques pour arriver à se comprendre et montrer à la face du monde que de la terre aride de Judée pouvait germer une nouvelle confraternité constructive. Dans ce nouveau monde gravitant autour d'une Jérusalem pacifiée, il osait espérer voir s'épanouir un adulte responsable et heureux.

Mais l'éveil à la réalité sur ce sépulcre encore frais attisait l'incendie intérieur qui le dévorait.

Sa résolution était prise.

Il la tairait à Aïcha.

Il savait qu'elle le comprendrait.

Il savait qu'elle lui pardonnerait dans le digne silence de la souffrance imposée.

35-Jérusalem…

Dès qu'il eut achevé ses études et su qu'Israël pouvait le recevoir, c'est vers la Terre Promise que Moshé s'embarqua avec l'enthousiasme d'un pionnier. Ce devait être son nouveau pays à lui, l'apatride. La Tchécoslovaquie n'avait plus sa raison d'être après ce qu'il y avait vécu. Ses parents y étaient morts, sa famille décimée. Seul au monde et sans attaches, il ne se sentait plus lié à ce pays. Prague restait seule, dans sa mémoire, comme entourée d'un halo affectif : il y avait passé sa tendre enfance, la seule qui lui fut douce.

Adulte responsable, il s'impliqua avec ferveur dans les diverses étapes de la lutte pour que ce pays survive. Il passa dans l'armée des mois épuisants lors des différents conflits avec les populations arabes du voisinage. Une guerre encore ! Mais celle-ci lui semblait juste car il défendait une valeur à laquelle il croyait. Une guerre dans laquelle il s'impliquait, arme au poing. Ce n'était pas comme pour la guerre mondiale dans laquelle il avait été simplement un objet. Il avait mesuré la différence entre subir sans défense et avoir la possibilité de lutter activement. Le jeune Tchèque qu'il était avait aimé, en les découvrant, ces paysages austères et brûlants de déserts dans lesquels se mêlent les sables et les rocs : le Néguev, le Sinaï. Un paysage minéral dépouillé, brûlé par un soleil de plomb, éblouissant le jour et glacé à fendre la pierre durant des nuits inquiétantes aux cieux piqués d'étoiles. Il n'en avait jamais vu d'aussi impressionnant, écrasant la petitesse de l'homme par son immensité.

Cette vie avait achevé de le modeler, en lui conférant puissance et volonté. Son visage au teint bronzé illuminé d'un regard bleu de Nordique et sa silhouette élancée l'avaient vite fait remarquer. Les filles des fermes communautaires dans lesquelles il avait ensuite travaillé en tant qu'ingénieur n'étaient pas restées indifférentes à sa fière allure. Ses connaissances en hydraulique lui permirent de s'impliquer dans les programmes d'irrigation et c'est ainsi qu'au fil des jours il prit racine, comme ces agrumes qu'il mettait en culture sur la terre assoiffée de ce pays qui était enfin le sien.

Cette vie de pionnier lui donna tout l'épanouissement personnel possible. Sa rencontre avec Myriam et la naissance de leur premier enfant fut pour lui la forme extrême du bonheur. Il engendrait la première génération des fils de David revenus sur leur terre. Ainsi avait-il le sentiment de participer à la fécondation de son pays, d'y injecter un peu de sa chair, d'y greffer un espoir de futur.

Son petit-fils était maintenant le maillon le plus fragile sur lequel il voulait apposer, sachant trop bien que ses jours étaient comptés, le sceau du souvenir.

Le petit bonhomme blond aux grands yeux gris perle, dans ce pays de soleil, lui rappelait ses origines nordiques. Il se sentait très proche de lui. Aux deux extrêmes de la vie, la rencontre des générations engendre souvent une tendre et secrète complicité favorisant la transmission des souvenirs. Le passé de Moshé était bien trop lourd pour les frêles épaules du gamin. Si Dieu lui prêtait Vie, Moshé attendrait donc plus tard avant de conter à un adolescent ce que fut sa jeunesse.

Pour l'instant Moshé, avec patience, lui réservait ses histoires les plus tendres. L'enfant buvait ses paroles. Le grand-père savait bien qu'au-delà de la disparition physique, la petite escarbille d'éternité qui nous reste, un copeau de notre vie, se résume aux souvenirs que l'on laisse. Après la troisième génération, l'oubli achève de vous ensevelir sous les trépidations du présent et les mirages du futur.

C'est ce que méditait Moshé, remontant à pas lents la ruelle menant à l'appartement de ses enfants. Il sonna à l'interphone : la voix claire de sa belle-fille lui répondit en lui souhaitant le bonjour.

- Il vous attend avec impatience, Papy ! Et le déclic de l'ouverture automatique de la porte se fit.

En arrière-fond, le papy entendit la voix fluette de l'enfant dire :

- Maman, c'est lui, c'est Grand-père?

36-Journal (suite)

Nous avons peu dormi. Il est trois heures et demie du matin. L'hôtel sommeille. Seul le veilleur de nuit, l'œil hagard, nous souhaite bonne route. Un minibus nous attend. Nous y chargeons sans bruit nos bagages. L'air est frais. Nous frissonnons autant de fatigue que du fait de la température. La ville est vide. Le chauffeur sort de la route principale et s'engage dans une ruelle dans laquelle il se gare. Il nous dit en mauvais anglais que c'est l'heure de la prière. Il gagne la mosquée et nous laisse comme des ronds de frites dans le véhicule. Il est quatre heures du matin !

Heureusement qu'il nous reste encore quelques pâtisseries au miel : elles nous permettent de patienter en faisant les cent pas dans la rue.

Au bout d'un bon quart d'heure, notre pieux conducteur qui a dû recommander son âme à Dieu remet le contact.

Première fouille lors du passage du check point de Qualandia. Projecteurs à la lumière crue au niveau des barrières. Soldats mitraillette au poing et gilet protecteur, l'œil inquisiteur : tout le monde descend.

-Vous venez de l'hôpital de Ramallah ?

Ouverture des bagages, contrôle des passeports : longue contemplation des photographies, un regard inquisiteur allant du document au visage et du visage au document. La photo est heureusement ressemblante. Parcours attentif des pages avec examen des visas précédents : Algérien, afghan ! Que de bonnes références ! Manipulation dans les valises des plaques commémoratives offertes par le ministre avec suspicion et des écharpes avec dégoût. Finalement on nous laisse passer.

Nous voyons le Mur s'éloigner.

Le ciel commence à s'éclairer : l'aube s'en vient avec un ciel violet rose puis plus franchement rouge. Il va faire beau. Dans quelques heures nous rentrerons au bercail retrouver les nôtres. Chacun est méditatif, silencieux, repensant à toutes ces heures vécues intensément grâce à notre métier. Des heures passées si vite.

Nous approchons de Tel-Aviv : Il fait maintenant tout à fait jour et les lampadaires s'éteignent.

A proximité de l'aéroport international Ben Gourion, nous sommes encore stoppés par une patrouille. Même suspicion. Même procédure de contrôle. « Papiers ! » On nous demande nos billets d'avion. Finalement, au bout d'un bon quart d'heure, nous avons le droit de reprendre la route.

Les époques passent, les hommes restent les mêmes : ils oublient. La vie est une comédie, j'en suis de plus en plus convaincu. J'ai de sérieux doutes sur les capacités d'amélioration de l'espèce humaine, cette entité faite de quatre-vingt pourcent d'eau, de chair et d'os et si peut de matière grise !

Le chauffeur nous a laissés devant le hall d'embarquement. Nous trimbalons nos impedimenta pour gagner la file d'attente : l'avion pour Paris est à huit heures mais il était bien justifié d'arriver en avance du fait des procédures de contrôle de sécurité. Ouverture de bagages, formulaires à remplir.

Les plaques palestiniennes de remerciement du ministre intriguent : elles sont sur un support en bois, le texte en est gravé sur une plaque métallique. De plus, il existe à l'arrière un petit piton que l'on peut visser pour les mettre en exposition : elles sont manipulées, radiographiées, passent de mains en mains… Manque de chance, le coin de la photographie de mon passeport est décollé : suspect ! Il faut s'armer de patience.

Sous les ailes de l'avion d'Air France le tarmac défile. Prenant de l'altitude, nous pouvons voir l'agglomération de Tel-Aviv puis la mer et la frange blanche des rouleaux côtiers.

Les nuages nous cachent bientôt le paysage au sol et le soleil nous réchauffe à travers les hublots.

Un petit-déjeuner nous est servi après lequel nous sombrons, engourdis dans une douce somnolence.

37-Ramallah…

Mahmoud s'est levé avant l'appel à la première prière du matin. Aicha dort encore. Elle a finalement trouvé le sommeil en fin de nuit, après s'être agitée et s'être levée plusieurs fois. Elle est roulée en boule sur elle-même. Son visage fatigué porte la marque de cette récente déchirure qu'il lui a fallu surmonter. Elle a passé sa journée silencieuse et prostrée sur la tombe de son fils. Mahmoud soupire et referme la porte de la chambre sans faire de bruit. Il s'est calmement rasé. Après une douche revigorante il s'est vêtu avec soin.

La journée sera décisive, l'ultime.

Une journée longuement pensée, une journée dont les courtes heures seront offertes à la mémoire de ce fils assassiné. La douleur s'est estompée, comme la brume au lever du jour laisse voir enfin les reliefs du paysage : la lucidité a repris le dessus étouffant les pulsions émotionnelles.

Mahmoud le philosophe a pris conscience des multiples angles sous lesquels la même situation peut être évaluée. La non-violence et la désobéissance civile lui semblent maintenant de vaines élucubrations de théoriciens politiques. Il ne renie pas franchement ses premières aspirations mais les reconsidère à la lumière crue de la réalité. Le sang a coulé. Un sang innocent.

L'attitude contemplative serait lâcheté pense-t-il.

La révolte et la réponse brutale lui apparaissent comme la seule solution. Depuis quelques jours, il passe beaucoup plus de temps avec ses amis du café maure à fumer et discuter. Certains ne le reconnaissent plus car ses propos habituellement modérés sont devenus tranchants comme l'acier trempé des sabres. Il n'argumente pas sur un plan religieux : il sait que les

Dieux sont toujours nés de la faiblesse des hommes. Il se fonde sur le droit à la terre, le droit à la liberté, le droit à la dignité. Il s'insurge contre l'indifférence des nations à la cause qu'il croit juste. Il se persuade que trop de sang a coulé pour qu'un pardon soit possible. Le mot de vengeance lui traverse l'esprit mais il tente d'abord de le refuser. Il en sait le contenu délétère. La colère s'apaise avec le temps. Les déferlantes s'épuisent en fin de tempête pour ne laisser que la houle nauséeuse des ressentiments. Mahmoud les analyse avec une froideur méthodique.

Peut-il décemment en rester là ?

N'est-il pas de son devoir de réagir en homme ?

Pour Aicha, pour son fils assassiné, pour sa communauté, pour lui–même aussi. Lorsque l'on veut justifier un acte, il est toujours de bonnes excuses pour l'étayer, même si celles-ci sont parfois fallacieuses. Il n'est de pire menteur que celui qui se ment à soi-même : sa croyance bétonne sa détermination !

Mahmoud boit lentement le café qu'il vient de filtrer : épais, amer et noir comme la couleur de son âme. Il ne peut rien avaler de solide. Sa gorge est sèche. La cigarette allumée, la première, la meilleure habituellement, lui donne envie de vomir. Il l'écrase nerveusement au fond du cendrier parmi les mégots refroidis dont l'odeur l'écoeure.

L'appel du muezzin le sort de ses réflexions. Il n'est plus temps de tergiverser.

Les dés sont jetés.

Mahmoud sait déjà que pour lui le jeu est perdu. Un dernier baiser sur le front d'Aicha. Elle grimace et se retourne. Un dernier regard à travers la porte entrebâillée de la chambre à coucher et de celle de Khalil.

Il est l'heure de partir.

Il referme sans bruit la porte d'entrée. Il lui reste à écrire la dernière page pour achever le drame. Un point final à poser ! Il repense à la phrase de ce poète tragique que fut Kleist et qu'il fait aussi sienne : « Tôt ou tard, il faudra que je reparte, tel est mon destin ».

Mahmoud s'en va à la rencontre du sien.

Il sort de l'immeuble, remonte lentement la ruelle et gagne la mosquée pour s'y recueillir un moment. Il ne prie pas, il ne va pas chercher un regain de courage. Il va simplement à la recherche d'un instant de sérénité que ce lieu saint peut lui procurer. Il éprouve le besoin de se retrouver face à lui-même et à sa décision. Il ne veut en aucun cas la remettre en cause, car il n'a plus de doute sur ce qu'il lui reste à faire. Il veut simplement se dépouiller des derniers lambeaux de colère pour ne garder que la quintessence de son geste : des ablutions mentales en quelque sorte pour retrouver la pureté nécessaire du grand prêtre pour l'offrande, pour l'holocauste. Le samouraï n'aiguise-t-il pas ses sabres et n'en essuie-t-il pas le fil avec un tissu en pure soie avant de faire seppuku. Il traverse la cour intérieure enténébrée pour gagner la salle de prière et s'asseoir au pied d'un pilier, face au mihrab de mosaïques polychromes. Quelques veilleuses à la lumière vacillante en font ressortir les éclats vernissés. Son esprit se laisse emporter par eux comme par un vol de lucioles…

Il songe qu'il n'ira jamais vers la Mecque, dans un voyage dont il avait rêvé enfant. Il n'atteindra pas cet âge du «Hadj», pèlerinage auquel, empli des expériences d'une vie et à la veille d'une sage vieillesse, il aurait pu prétendre. Pour l'Aïd El Kebir, gagner l'Arabie lointaine et remettre ses pas dans ceux de Mahomet pour tenter de comprendre les sources possibles d'un culte, trouver peut être cette dangereuse pépite que chaque religion appelle la Foi et au nom de laquelle tant de guerres et croisades ont eu lieu.

Jamais il ne tournera sept fois autour de la Kaaba, jamais il ne verra la pierre noire d'Abraham… La vue de la montagne de la connaissance, le mont Arafat, sur lequel Adam et Eve se sont retrouvés après avoir été chassés du paradis terrestre ne lui sera pas offerte… Quelle triste constatation, pense-t-il, que cette lutte sanglante entre frères ennemis alors que Juifs et

Palestiniens ont tant de points commun : l'Aïd n'est que la réminiscence du sacrifice d'Abraham offrant son fils au Seigneur lequel en dernier recours lui demande la substitution de l'enfant par un mouton… La lapidation symbolique du diable lors du pèlerinage à la Mecque n'est-elle pas que le refus d'Abraham de se rendre aux arguments de Lucifer l'incitant à désobéir à Dieu et à sauvegarder le fils qu'il aime !

Terrible monothéisme dont le creuset toujours fumant depuis plus de deux mille ans reste la terre de Judée !

Les pensées de Mahmoud tourbillonnent comme les feuilles au vent d'automne : elles finissent toujours par se retrouver entassées dans le même recoin de son âme, convergeant vers le même sujet !

Mahmoud ne replie pas son tapis de prière : il le laisse, sans se retourner. Les pas d'un guerrier vont toujours vers l'avant pour saisir le destin, pense-t-il. Et maintenant je suis bien un guerrier ! Aucune ombre d'hésitation n'est perceptible dans sa démarche décidée, lorsqu'il sort de l'édifice religieux.

Comme convenu, il doit passer chercher l'enveloppe vers sept heures du matin dans le magasin de fripes situé dans une ruelle derrière le marché. Ses nouveaux « amis » ont tout réglé : du papier à musique pense-t-il, le tempo d'une marche funèbre !

Dès son entrée dans l'échoppe il est reconnu. Sans parole, un barbu longiligne aux joues creuses coiffé d'un bonnet de coton blanc se lève et lui fait signe de le suivre. L'homme a le profil d'un rapace : un nez aquilin encadré de deux yeux noirs à l'éclat brûlant au fond d'orbites profondes. Une gandoura blanche tombe verticalement de ses épaules étroites, car il est maigre. Elle semble anormalement l'allonger. Il est un peu voûté et traîne ses babouches sur le sol de ciment. Mahmoud le suit dans l'arrière boutique. Le local est sombre, seulement éclairé par un petit vasistas duquel une lumière oblique se faufile en un rayon vibrant des poussières en suspension. Une forte odeur de tabac et de kif empuantit cet antre confiné. Mahmoud éternue et des larmes lui viennent aux yeux. C'est toujours en silence que l'homme tire d'un tiroir de bureau une enveloppe de kraft maculée d'empreintes.

-Tu as tout en main, Frère, lui dit-il. Que la volonté d'Allah soit faite, que son nom soit béni. Nous nous retrouverons bientôt !

-Mahmoud acquiesce d'un mouvement de tête. Il ne dit rien. Il n'y a rien de plus à ajouter.

Il prend l'enveloppe, l'enfouit dans la poche intérieure de son blouson. Elle craque : des papiers à l'intérieur ainsi que le contact en relief d'un objet. Il sait qu'il n'a plus rien à faire ici. Il tourne les talons, mains dans les poches du blouson et quitte cette tanière dans laquelle il étouffe.

Il sort ébloui après avoir traversé ce magasin-couloir tout en longueur entre des étals de frusques usagées. La chaleur du soleil maintenant levé le rassérène. Il remonte l'avenue en croisant un groupe bruyant d'élèves se rendant dans le lycée du quartier. Ils ploient sous le poids de leur sac à dos bourré de livres. Il se mord les lèvres. Il revoit son fils. Il ne peut que se souvenir. Une grande douleur l'étreint. L'oppression est telle qu'il s'arrête, reprend son souffle, inspirant profondément pour tenter de retrouver un minimum de calme. La vision de son garçon parmi ce groupe de collégiens ravive sa peine. Il y puise un regain de courage. Non, il ne regrettera rien. Si Dieu veut, dans quelques heures il aura rejoint ce fils aimé au terme d'un dernier voyage sans retour. Une rencontre à venir dans un hypothétique au-delà que le philosophe qui sommeille en lui ne peut totalement concevoir. Heureux peut-être, se dit-il, ceux qui ont la foi du charbonnier et ne sont pas tourmentés par les doutes métaphysiques.

Mahmoud s'engage dans une ruelle perpendiculaire à l'avenue principale trop passante à son gré. Dans la pénombre de celle-ci il se réfugie au fond d'un café et s'assied à une table isolée. Le tenancier, derrière un comptoir encombré de pâtisseries dégoulinant de miel, le salue d'un hochement de tête.

Mahmoud n'a aucune envie de consommer quoi que ce soit. Il recherche simplement un coin tranquille et discret pour ouvrir l'enveloppe dont le contenu lui semble tout à coup terriblement pesant. L'arôme du café à la cardamome déposé devant lui ne lui fait même plus plaisir. Il remercie d'un clignement d'yeux et jette quelques shekels sur la table. Qu'importe la monnaie !

Seul, enfin, il sort l'enveloppe. D'un ongle glissé sous le rabat il en ouvre la tranche. Avec un bruit métalliques deux clefs réunies par un anneau tombent à terre, entre ses jambes. Il se baisse, les ramasse prestement et les enfouit dans la poche de son jean. Ce sont des clefs de contact d'automobile. Le papier joint reste laconique. Une adresse et l'immatriculation d'un véhicule de type Honda : une immatriculation israélienne !

Il sait donc où le trouver, garé en face de l'adresse indiquée, à Ramallah. Connaissant la ville comme sa poche, il voit tout de suite dans quelle direction il doit se diriger. C'est dans un quartier de blocs neufs, dans une zone assez résidentielle. Jetant un regard sur sa montre il juge qu'il a tout son temps. De toute façon, c'est lui qui choisira l'heure en fonction de sa cible. Ainsi lui restera-t-il l'impression d'être dans une certaine mesure le maître de son destin.

Choisir son heure c'est un peu de libre-arbitre : le jour et l'heure ! Le jour est fixé : c'est aujourd'hui. L'heure reste à déterminer.

Pour Mahmoud, il n'est plus question de faire marche arrière. Sa détermination est inflexible.

Il a repris sa marche, indifférent à tout, sur le trottoir aux pavés disjoints. Il est plongé en lui-même, tentant de se remémorer ce passé si récent qui l'a détruit. Une destruction mentale et physique. L'insoutenable drame a ébranlé en lui toute la clairvoyance critique du philosophe. Il avait cru pouvoir prendre, avec un œil froid et sans passion une distance par rapport à la foi, à la haine, à la violence. Il se faisait fort de gouverner ses pulsions primaires pour en maîtriser les ardeurs, en contenir les soubresauts et de rester suffisamment maître de lui pour disséquer les mécanismes complexes régissant les rapports difficiles entre les hommes eux-mêmes et ces derniers avec les dieux qu'ils se sont inventés. Entomologiste de l'espèce humaine il se croyait sage. Il avait la prétention, tout en décortiquant les causes et les effets, de démonter cette folle et complexe machine de la conscience collective générant le concept de Dieu et régulant les rapports entre les peuples.

Les pièces du puzzle lui échappaient. Les rouages désengrenés qu'il avait eu tant de mal à agencer se montraient tout à coup rétifs à toute logique. En un mot, sa cervelle en déroute ne fonctionnait plus qu'ivre de folie meurtrière. Il en avait conscience.

Il ne se reconnaissait plus.

38-Jérusalem…

Une silhouette droite comme un « i », découpée en contre-jour, coiffée d'un panama, remonte fièrement la ruelle tenant à la main un petit bonhomme de quatre années environ. Un petit blondinet dont les pas tentent de s'ajuster à ceux de l'aîné. Tous deux devisent gaiement. Le grand-père est comblé d'avoir ainsi pour lui tout seul et pour quelques heures la garde de ce petit-fils qu'il adore. Moshé, vous l'avez reconnu, est en effet conscient de ce rôle affectif et d'éducateur qui lui incombe. Le poids des souvenirs de l'aïeul ne doit pas faire plier le dos fragile de l'enfant, aussi l'adulte se contente-t-il de lui raconter les épisodes les moins tristes sous forme d'historiettes et de contes. L'enfant, toujours charmé par les histoires de son papy en redemande et ne se lasse pas de réécouter celles qu'il connaît déjà. Ils marchent dans le soleil, passants anonymes et heureux.

Des instants privilégiés de la vie, car partagés.

39-Ramallah…

La marche rapide de Mahmoud est celle d'un automate. Les passants qui le croisent, esquivant sa trajectoire rectiligne et aveugle, peuvent douter de sa santé mentale, le voyant déambuler comme un somnambule.

Il reprend pied dans la réalité en s'arrêtant devant l'automobile garée à l'adresse attendue. Il sort les clefs, choisit la bonne, l'introduit dans le barillet afin de déverrouiller les portières.

Il se met au volant, lance le démarreur. Le moteur ronfle au ralenti. Il le fait rugir par deux fois avec des coups d'accélérateur rageurs. Longue inspiration. Il détend ses doigts crispés sur le volant, se penche vers la droite et ouvre la boite à gants. Une kippa et une autre enveloppe. Il les prend. Il sait que le destin se noue, enfilant les demi-clés autour d'une tangible réalité à venir. Il pose la kippa sur son occiput, tend le bras vers le rétroviseur qu'il oriente vers lui pour se regarder. Un vrai juif. La même race. Nous sommes bien tous les fils d'Abraham, nés sur cette terre de Judée. Yeux noirs, teint plus sombre, chevelure brune. A s'y méprendre. Mahmoud, Jacob ou Salomon ! Il se sourit puis grimace.

Quelle farce est-il en train de jouer ?

A aucun moment le doute ne vient fissurer son dessein. Il boira la coupe jusqu'à la lie. Ainsi fit Socrate, un vrai philosophe, lui !

L'enveloppe est sur ses genoux. Il a rabattu le couvercle du vide-poche à deux reprises car celui-ci est retombé. Il décachette l'enveloppe. Elle contient précisément le lieu de rencontre avec son destin. Il en a lu le contenu. Il sait ce qui lui reste à faire. Un autre jeu de clefs de contact est glissé dans la poche de son blouson.

L'heure n'est plus aux tergiversations.

Il est allé trop loin vis-à-vis de lui-même et des ses coreligionnaires dont il ne partage pas la foi mais dont il consent à être le glaive. Il a le plan de la ville sainte en tête et connaît l'itinéraire. Un coup d'œil au rétroviseur, le clignotant cliquette. La Honda déboîte pour se lancer dans le flot de la circulation.

Mahmoud conduit vite, nerveusement. Ses mâchoires sont serrées. Ses yeux au regard fixe et inquiétant brûlent d'un étrange feu intérieur. Il est pétrifié dans son irrévocable décision, emporté par le flot tumultueux du destin dont la force ne permet pas de retour en arrière. Au fond de sa mémoire, l'image de son fils qu'il va retrouver attise sa ferveur. Les check points sont franchis sans problème : la kippa, l'immatriculation du véhicule et les faux papiers ont rassuré les Israéliens et la barrière s'est levée à chaque contrôle. Le plus dur est passé. Le reste ne sera que l'accomplissement de sa propre volonté. Mahmoud n'en est plus à raisonner en philosophe sur le libre arbitre ou sur l'impact du doigt de Dieu sur ses créatures.

La métaphysique du dimanche est finie !

Pour cet homme initialement pétri de mansuétude et d'espoir le temps est celui du passage aux actes.

Il doit maintenant retrouver le « tyrannosaure Rex » : la force brutale mécanique et vengeresse ! C'est ainsi que dans leur code, ses nouveaux amis l'ayant aidé à concrétiser sa mission ont surnommé l'arme destructrice.

Mahmoud vient de garer la Honda sur un parking à proximité de l'énorme chantier de construction. Il jette les clefs sur le siège et claque négligemment la portière. Il jette aussi la kippa dans le caniveau : elle roule et tombe dans une bouche d'égout. D'un pas lent, il gagne le large portail s'ouvrant sur le site des travaux. Ce dernier est entouré de grillages. Il sait que les ouvriers ne travaillent pas aujourd'hui : seul un gardien reste sur place dans un cabanon de bois. Les terrassements sont en cours : le sol poussiéreux sur lequel se mêlent les terres et les rochers semble un vrai champ de bataille. Le « tyrannosaure » responsable de ces bouleversements cyclopéens se trouve tapis dans cet enclos : il est replié sur lui même, endormi, chauffant sa carcasse jaune au soleil. Il ne sait pas encore que son nouveau dompteur est là !

40-Jérusalem…

Moshé et son petit fils sont assis sur le banc, sous l'auvent de l'arrêt de bus. Ils sont à l'ombre mais la chaleur reste lourde. L'enfant a manifesté sa fatigue. Le grand-père, toujours à l'écoute, a décidé de rentrer par les transports en commun. Les petits autobus sont tellement pratiques, sillonnant les ruelles à cadence assez rapide pour éviter les interminables attentes. Leur climatisation en fait des îlots de fraîcheur agréables.

41-Mahmoud…

La clé de contact est dans le barillet. Enfilée d'une main décidée. Il est trop tard pour reculer. Un quart de tour vers la droite. Les voyants du tableau de bord s'allument. Encore un coup à droite et le moteur vrombit d'un seul coup : un bruit de tonnerre : le rugissement du tyrannosaure en colère.

Mahmoud transpire dans la carlingue de l'engin de terrassement : c'est un énorme monstre mécanique. Le Caterpilar s'éveille sous la commande de son chauffeur. Mahmoud enlève sa chemise et reste torse nu. Il sent dans son dos couler la sueur. Ce ne sont ni la peur ni le stress. D'un toucher prudent sur les pédales et avec un maniement des vitesses aisé, il sent la masse vibrer sous ses doigts. Il en ressent un certain bien-être : la force de la machine et la volonté de l'homme sont couplées dans une même ferveur.

Le « tyrannosaure » s'ébranle pour lentement quitter son gîte et gagner la sortie du chantier. Théoriquement le gardien qui est un « frère » doit être aveugle à cette fugue et rester silencieux sans donner l'alarme.

42-Moshé…

Le bus arrive alors que Moshé et son petit fils étaient en grande discussion : ils n'avaient pas vu le temps passer. Ils s'étaient mis d'accord pour aller dans la vieille ville prendre une grande glace aux fruits avec une crêpe. Tous deux étaient de fieffés gourmands.

Un signe au chauffeur : les portes coulissantes à soufflet s'ouvrent devant eux. Le grand père saisit le petit garçon sous les aisselles et le soulève pour le déposer sur le plancher. Il composte le ticket et le rejoint pour s'asseoir à côté de lui. Il ne restait que deux places assises. Le bus est presque plein et vibre comme une ruche au brouhaha des conversations. Une population mélangeant des travailleurs et des étudiants reconnaissables aux porte-documents glissés négligemment sous le bras. Certains sont debout et se tenant aux poignées discutent avec chaleur.

43-Mahmoud…

Il est prévu que le « tyrannosaure » se mette en chasse au coin de la rue : celle-ci est en pente descendante et amorce une courbe bordée de maisonnettes alignées le long d'un étroit trottoir.

L'affût est discret et le prédateur pourra fondre sur sa proie en prenant toute la vitesse possible de son moteur et de la déclivité. La masse d'acier doit être vulnérante et sans pitié. Le « tyrannosaure » doit tuer : le plus possible. Sans faillir. Son cornac est déterminé. La vengeance aveugle répondra à un geste aveugle et démesuré : la loi du Talion sera appliquée sans état d'âme.

44-Moshé…

Le bus s'achemine tranquillement vers son terminus : les stations d'arrêts s'égrènent. Moshé assis contre la fenêtre est tourné vers son petit voisin : le petit garçon est attentif aux propos de son grand-père qui lui conte une belle histoire.

-Il était une fois, un gentil petit garçon comme toi, mon chéri. Ce petit garçon était blond comme les blés mûrs et avait les yeux bleus comme la mer Méditerranée en été. Il te ressemblait. Comme toi, il aimait sa maman d'un amour très fort. - Ce petit garçon s'appelait comment ? - T'en souviens-tu ? Buvant les paroles de son papy, le petit bonhomme qui avait déjà entendu cette histoire bien des fois répondit,

- Il s'appelait Pepicek, n'est-ce pas ?

- C'est bien, tu t'en souviens donc. Etait-il tout seul ?

- Non papy, il avait une petite sœur. Tu m'avais dit qu'elle était blonde aussi avec des yeux bleus comme les bleuets qui fleurissent au milieu des blés. Ses lèvres avaient la couleur du coquelicot.

- Comment s'appelait-elle, sa petite sœur ?

- C'était Anika. Tu sais papy, j'aimerais aussi avoir une petite sœur comme Pepicek.

- Avec un peu de patience, Dieu te l'enverra cette soeurette et tes parents seront comblés. Tu seras content mais il faudra la protéger car tu seras le plus grand. Tu partageras aussi tes jouets.

Ainsi la conversation égaillait-elle le trajet.

45-Mahmoud…

Le contact enclenché, le souffle rauque du « tyrannosaure » se doubla d'un tremblement de sa robuste carcasse. Mahmoud sentit la force contenue de la bête mécanique dès qu'il desserra la manette du frein. Les pistons du diesel s'emballaient à chaque accélération et l'aiguille du compte-tours montait avec rapidité.

D'un geste sûr il pressa la manette permettant de relever la fourche aux dents acérées pour la mettre à la hauteur adéquate : un mètre vingt environ, la bonne hauteur pour être vulnérante et autoriser une terrible morsure des crocs d'acier brillants. Il effectua une marche arrière prudente et lente. Le bip-bip de l'alarme le fit sursauter. Nul ne semblait s'en inquiéter : le chantier restait désert.

L'animal obéissant recula lentement puis s'arrêta un instant avant de se mettre en route, dodelinant dans les ornières du chemin de terre.

46-Moshé…

Moshé inclina son panama sur l'oreille droite car le soleil à travers les vitres frappait fort. Il était absorbé et fasciné par l'intérêt que portait son petit-fils à ses propos. Les yeux de l'enfant brillaient et il semblait que cette histoire de « Brundibar » lui était contée pour la première fois.

Il en est ainsi des contes : même connus par cœur, les tout-petits se laissent charmer à chaque fois. C'est le cœur battant qu'ils en attendent le dénouement : le carrosse changé en citrouille de Cendrillon, le loup déguisé en mère-grand du Petit Chaperon Rouge et le baiser du prince de la Belle au Bois Dormant…

- Alors ?

- Alors, reprit le papy-gâteau, ces deux enfants très sages avaient une maman très malade. Te souviens-tu de ce qui lui était nécessaire pour la soigner ?

- Il lui fallait boire du bon lait de vache bien frais pour lui donner des forces, répondit le petit sans hésiter.

- Comment faisaient-ils pour acheter ce lait ?

- Ils chantaient dans la rue.

- Exactement : Pepicek et Anika savaient beaucoup de chansons et avaient des voix claires.

Mais le ronchon, « Brundibar », était là qui veillait au grain ! Déambulant dans le quartier avec, autour du cou, un petit orgue de barbarie, il les empêchait d'attirer les badauds et de ramasser les quelques pièces qui leur étaient destinées.

Moshé est toujours ému en contant cette histoire : il avait lui aussi une voix claire, dans le chœur des enfants de Térézin lorsqu'à chaque répétition il oubliait la réalité du quotidien !

Il gardait aussi en mémoire cette représentation officielle qu'on leur avait fait faire devant les autorités : une rangée de nazis, assis jambes croisées, casquette sur les genoux, un air plus que lassé par le spectacle. Au milieu d'eux, le représentant de la Croix Rouge Internationale et ses acolytes. Costume austère et air béat : que ces jeunes Juifs du camp étaient bien ! Comme ils avaient l'air heureux d'être dans ce nouveau ghetto, parmi les leurs !

Les candides émissaires d'un monde en guerre, n'avaient rien vu.! AVEUGLES ! Mais n'est-il pas de pire aveugle que celui qui… Enfin !

Moshé savait maintenant que cet homme dirigeant la mission dans le camp s'appelait Maurice Rossel. Ce seul lien avec le monde occidental, ce dernier maillon ayant pénétré dans l'enfer concentrationnaire n'avait rien vu !!! C'était en juin mille neuf cent quarante-quatre ! La seule chance de dénoncer un tel système était passée.

Moshé se dit que cet homme devait maintenant être âgé ou mort : comment pouvait-il porter le poids de cette innocence à la visite de Terezin ?

Etait-il vraiment aveugle ou bien la lâcheté lui avait-elle imposé le silence ?

Cette question restait enfouie au fond de lui. Il n'aurait pas la réponse, mais combien de morts après cette date ont continué à payer ce silence !

La révélation de la réalité cruelle de ce qu'étaient ces camps aurait-elle changé la face des choses ? La machine était en marche !

- Dis papy, à quoi penses-tu ?

Le petit garçon blond tire la manche de son grand-père pour lui demander de continuer cette histoire.

Le vieil homme tressaute, revient à la réalité et continue l'histoire.

47-Mahmoud…

Moteur au ralenti, le monstre mécanique est à l'affût : Mahmoud est tendu, moins par l'angoisse de son avenir sur lequel il a, d'ores et déjà fait une croix, que par l'intensité de la chasse. Il attend le bus qui à cette heure est plein. Il ne fait qu'un avec le « tyrannosaure » carnassier dont les chevaux-vapeur piaffent sous le capot. Il est prévu que le choc sera latéral et que sa violence écrasera le véhicule en le faisant basculer. Une rapide marche arrière pour prendre du recul devrait permettre au conducteur meurtrier de revenir sur sa proie pour l'achever.

Il convient donc de bien calculer mentalement les trajectoires…

48-Jérusalem…

L'autobus amorce le virage et reprend de la vitesse en quittant le dernier arrêt : aucun passager n'en est descendu. Quatre personnes sont montées restant debout et achevant de le remplir. Le soleil fait chauffer les tôles.

Moshé, penché vers le petit bonhomme qui, à son côté, attend impatiemment la suite du conte, reprend la parole.

-Peux-tu me dire, mon chéri, qui a aidé Pépicek et Anika à venir à bout du méchant Brundibar ?

- Bien sûr, tous les amis des jeunes chanteurs, papy ! les animaux parlants : le Chien, le Chat et…

Mais le Moineau ne fut pas énoncé dans la liste !

Le choc fut d'une violence inouïe.

Dès que le bus apparut à l'œil fixe de Mahmoud qui le guettait au coin de la rue, le « tyrannosaure » se cabra presque dans un vrombissement étourdissant : les chevaux-vapeur libérés donnaient toute leur puissance. La main ferme du conducteur ayant lâché le frein dirigea l'engin à grande vitesse sur sa proie : elle ne pouvait en aucun cas lui échapper !

Les quelques passants eurent à peine le temps de se retourner que déjà les étincelles jaillissaient des tôles froissées. Les dents du carnassier prirent l'autobus dans sa partie moyenne et défoncèrent la carlingue en écrasant le contenu. Les vitres éclatèrent. Mahmoud put voir dans l'axe de son engin voler un panama et la tête d'un vieil homme heurter violement le montant de la fenêtre, la boite crânienne s'ouvrant comme une noix de coco sous la machette. Les hurlements des blessés et des spectateurs se mêlaient. Mahmoud cramponné au volant avait encaissé le choc. Le moteur du bus s'était arrêté et l'essence coulait sur le macadam.

Mahmoud embraya la marche arrière et fit reculer la bête. Elle reprit alors son élan pour, avec une conviction inébranlable, refondre sur la carcasse dans laquelle morts et blessés étaient enfermés.

Tout à coup Mahmoud ne ressentit plus de colère.

Il se rendit compte que son geste était vain.

Il eut le temps de se dire que rien ne ferait revenir son fils.

Il vit la vitre latérale de son habitacle s'étoiler et exploser : elle se tacha de sang rouge et de morceaux de cervelle. Les siens.

Il ne vit plus rien. Il était mort.

Déjà les secours arrivaient. Les ambulances et les pompiers. Le feu crépitait et le macadam fondait à gros bouillons.

La chaleur était intolérable.

Les pompiers ne purent qu'arroser les vestiges des deux véhicules enchevêtrés sans s'en approcher.

**Epilogue :**

49-Journal (suite)

Lundi matin en allant à l'hosto :

France info : Nouvelles de notre envoyé spécial à Jérusalem : un attentat suicide a eu lieu hier : un engin de terrassement conduit par un Palestinien lancé à vive allure contre un autobus a entraîné la mort de tous les passagers : le choc violent a été doublé d'un incendie brutal du fait des fuites d'essence. Le conducteur meurtrier a pu être abattu d'une balle de Colt dans la tête tirée par un colon israélien qui passait par là. L'armée est arrivée immédiatement sur les lieux.

-Décidément, l'escalade de la violence ne s'arrêtera pas ! Apparemment les civils sont armés ! Dangereux, tout ça.

Email : 12 Juillet 2008.

De l'Association,

Tu es parti à temps avec ton équipe !

Hier soir, une incursion israélienne a eu lieu dans la nuit dans l'hôpital de Ramallah vers trois heures du matin. Les patients ont été fouillés, les enfants réveillés traumatisés de peur, les blocs opératoires vandalisés et du matériel de chirurgie cardiaque a été cassé.

Désolant.

Amitiés, PH…

Et bien sûr personne dans le monde ne fut au courant de ce banal épisode…

La banalité d'un quotidien dont nous sommes tous complices !

*Mise en page : Sandrine LASSERRE*

*--0--*

*Achevé d'imprimer : Mai 2012*

*G.N. Impressions – 31340 Villematier.*

*gnimpressions@ wanadoo.fr*

*Dépôt légal : Mai 2012*

*Imprimé en France*